Unsere WELT in ZAHLEN

10 582 km²
348 m
27. Mai
220-mal
60 Minuten
50 Tonnen
1 m²
96 Tüten
100 kg
2900 km
3,7 Milliarden
4 Tage
60 m
33 °C
1995
170 €

DK

Unsere WELT in ZAHLEN

Text **CLIVE GIFFORD**

INHALT

DK | Penguin Random House

Lektorat Kelsie Besaw, Selina Wood, Bharti Bedi, Priyanka Kharbanda, Vicky Richards, Francesca Baines, Andrew Mcintyre, Liz Wheeler, Jonathan Metcalf
Gestaltung und Bildredaktion Gregory McCarthy, Jim Green, Beth Johnston, Renata Latipova, Anthony Limerick, Lynne Moulding, Nick Dean, Jo Walton, Philip Letsu, Harish Aggarwal, Karen Self
Umschlaggestaltung Suhita Dharamjit, Akiko Kato, Tanya Mehrotra, Sophia MTT, Priyanka Sharma-Saddi, Saloni Singh
Herstellung Jacqueline Street-Elkayam, Sian Cheung

Für die deutsche Ausgabe:
Projektbetreuung Sebastian Twardokus
Herstellungskoordination Claudia Rode
Herstellung Evely Xie

Titel der englischen Originalausgabe:
Our World in Numbers

Übersetzung Birgit Reit
Lektorat Julia Niehaus

ISBN 978-3-8310-4467-2
5902-322075-22014-03

Druck und Bindung Printed in China
by Foshan Nanhai Xingfa Printing Co. Ltd

FSC www.fsc.org MIX Papier | Fördert gute Waldnutzung FSC® C018179

www.dk-verlag.de

WELTALL

ERDE

NATUR

MENSCH UND KULTUR

GESCHICHTE

FORSCHUNG UND TECHNIK

Hinweis: Zahlen ändern sich schnell. Zu dem Zeitpunkt, als dieses Buch in den Druck ging, waren alle Daten und Fakten aktuell.

DIE WELT IN ZAHLEN

Ein Leben ohne Zahlen ist für uns kaum vorstellbar. Die ersten Zahlensysteme wurden vor vielen Tausend Jahren erfunden und heute machen wir uns die Welt um uns herum mithilfe zahlreicher Zahlenangaben begreiflich. In diesem Buch findest du Hunderte von erstaunlichen Informationen in Verbindung mit Zahlen, die zum Beispiel Fragen wie diese beantworten – und viele weitere!

WANN herrschten die römischen Kaiser?

Mithilfe von Jahreszahlen stellen wir den Gang der Geschichte dar. Aber wir messen auch die Sekunden, Minuten und Stunden eines einzelnen Tages und zählen die Tage und Monate in einem Jahr. Ohne Zeitmessung wüssten wir weder, wie alt wir sind, noch kämen wir pünktlich zur Schule.

Wie VIELE Sterne gibt es?

Wir können fast alles zählen, von Menschen bis Mäusen, von Sternen bis Steinen. Zählen hilft dabei, sich auch riesengroße Zahlen und Mengen vorzustellen.

Wie SCHNELL ist ein Gepard?

Die Geschwindigkeit gibt an, wie lange jemand braucht, um von einem Ort zum anderen zu gelangen. Einige Dinge wie Geparden und Rennautos bewegen sich sehr schnell, andere dagegen viel, viel langsamer, wie beispielsweise Gletscher oder Schnecken.

Wie **BREIT** ist der Grand Canyon?

Für kurze Längen gibt es Maße wie Meter oder Zentimeter. So geben wir an, wie lang oder breit etwas ist. Lange Strecken werden in Kilometern gemessen. So geben wir zum Beispiel an, wie weit wir fahren müssen, wenn wir in ein anderes Land reisen.

Wie **VIEL** kostet es, einen Film zu drehen?

Wenn es um Geld geht, geben die Zahlen an, wie viel eine Sache wert ist. Eine Tüte Popcorn oder eine Kinokarte kosten nur wenig im Vergleich zu der Menge an Geld, die nötig ist, um einen Blockbuster zu drehen.

Wie viel **PROZENT** aller Menschen sprechen Chinesisch?

Mit Prozentangaben beschreiben wir einen Teil von einer Menge oder einem Ganzen. So können wir zum Beispiel sagen, welcher Teil der Weltbevölkerung eine bestimmte Sprache spricht.

Wie **HOCH** ist das Burj Khalifa?

Für die Höhe benutzen wir dieselben Maße wie für Länge und Breite. Wir messen damit, wie hoch die höchsten Wolkenkratzer oder Berggipfel aufragen. Höhe kann auch zeigen, wie die Zeit vergeht – wenn du misst, wie viel du jedes Jahr wächst.

WELTALL

Geheimnisvolles

UNIVERSUM

Das Universum umfasst alles, was es gibt, von winzigsten Atomteilchen bis zu riesigen Galaxien. Es entstand vor vielen Milliarden Jahren bei einer gewaltigen Explosion, dem Urknall. Das Universum ist so groß, dass das Licht viele Milliarden Jahre braucht, um es zu durchqueren.

Das Universum ist ungefähr

13,8 Mrd. JAHRE ALT.

---

10 Mrd. °C
betrug die Temperatur des Universums **1 SEKUNDE** nach dem **URKNALL**.

Die **ERSTEN ATOME** entstanden erst
380 000
JAHRE nach dem Urknall.

STERNE ENTSTEHEN in Wolken aus Staub und Gas, den **NEBELN**. Ansammlungen von Sternen, die durch die Schwerkraft zusammengehalten werden, bilden **GALAXIEN**. Eine der größten bekannten Galaxien ist IC 1101. Sie enthält **100 Bio. Sterne**.

DER ADLERNEBEL ist **7000 LICHTJAHRE** von der Erde entfernt.

Das **UNIVERSUM** war rund

9 Mrd. Jahre alt,

als sich unser **SONNENSYSTEM** langsam bildete.

Die **ERSTE AUFNAHME** eines

SCHWARZEN LOCHS

gelang im Jahr

2019.

Ungefähr

2 DRITTEL

aller bekannten Galaxien sind **SPIRALFÖRMIG**.

NUR 5 %

DES UNIVERSUMS SIND FÜR UNS SICHTBAR. Die übrigen **95 %** sind **DUNKLE MATERIE** und rätselhafte **DUNKLE ENERGIE**.

Ein **Lichtjahr** ist die Strecke, die ein Lichtstrahl in **1 Erdenjahr** zurücklegt. Es entspricht

9,5 Bio. km.

Ein **Jahr** ist die Zeitspanne, in der die **ERDE**

einmal

rund um die **SONNE** kreist. Es dauert genau

365,26 Tage.

Das **KÜRZESTE BEKANNTE JAHR** auf einem Exoplaneten dauert

28 MINUTEN.

Exoplaneten sind Planeten **AUSSERHALB UNSERES SONNENSYSTEMS**. Bis September 2021 bestätigte die NASA folgende Zahl von entdeckten Exoplaneten:

4521.

Unser **SONNENSYSTEM** ist etwa

25 800

Lichtjahre vom **ZENTRUM** der **MILCHSTRASSE** entfernt.

Im Jahr **1923** identifizierte der US-amerikanische Astronom **Edwin Hubble** den

Andromedanebel

als **ERSTE ANDERE GALAXIE** neben der Milchstraße.

Eine der **KLEINSTEN GALAXIEN**, die je beobachtet wurde, heißt

Segue 2.

Sie umfasst nur etwa

1000 STERNE.

Der **ANDROMEDANEBEL** und die **MILCHSTRASSE** werden wohl **ZUSAMMENSTOSSEN**, aber erst in

4,5 Mrd. Jahren.

Spektakuläre

STERNE

Sterne sind riesige Kugeln aus sehr heißen Gasen, die von der Schwerkraft zusammengehalten werden. Sie existieren oft viele Milliarden Jahre lang. Riesensterne sterben in einer Supernova, das ist eine sehr starke Explosion. Danach fallen sie in sich zusammen und bilden extrem kompakte Neutronensterne. Die Sonne ist ein Stern in der Milchstraße.

99,8 % der gesamten **MASSE** im **SONNENSYSTEM** sind in der **SONNE** enthalten.

Mit einem Alter von **4,6 Mrd. Jahren** hat die **SONNE** etwa die **HÄLFTE** ihrer Lebenszeit erreicht.

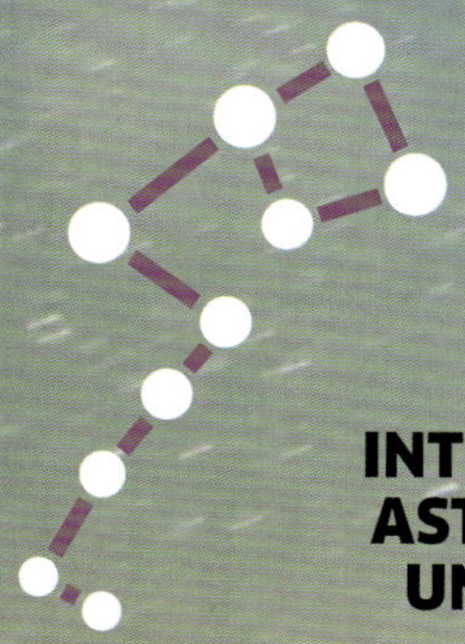

88 STERNBILDER werden von der **INTERNATIONALEN ASTRONOMISCHEN UNION** anerkannt.

Es dauert etwas mehr als **8 Minuten**, bis das **LICHT DER SONNE** die Erde erreicht.

Der **HELLSTE STERN** am Nachthimmel ist **SIRIUS** im Sternbild **GROSSER HUND**. Seine Oberflächentemperatur ist **9670 °C**.

Die **ÄLTESTEN STERNE** sind rund **12 Mrd. Jahre alt**.

36 Sternbilder stellen **TIERE** dar, darunter sind ein Löwe, ein Bär, ein Skorpion und **4 HUNDE**.

Die Kanadierin **Kathryn Aurora Gray** war erst **10 Jahre alt**, als sie **2011** im Sternbild Giraffe eine **SUPERNOVA** entdeckte.

In **KLAREN NÄCHTEN** sieht man von der Erde aus mit bloßen Augen **2500–5000** Sterne.

1300000
ERDKUGELN würden in die **SONNE** passen.

Ein **ESSLÖFFEL** eines **NEUTRONENSTERNS** wiegt
900 Mrd. kg.
Das ist so viel wie
150
Cheopspyramiden
aus dem alten Ägypten.

Im Jahr 1054 war eine **SUPERNOVA**, die
6500 Lichtjahre
von der Erde entfernt explodierte, **23 Tage** lang **TAGSÜBER** sichtbar.

Ein **DÜSENFLUGZEUG** bräuchte
4,8 Mio. Jahre,
um zu **PROXIMA CENTAURI** zu fliegen. Er ist der nächstgelegene Stern nach der Sonne und
4,24 Lichtjahre entfernt.

Die Milchstraße umfasst etwa **100–400 Mrd. Sterne.**

Die **OBERFLÄCHENTEMPERATUR** des **KÜHLSTEN STERNS** (brauner Zwerg **WISE 1828+2650**) ist
52 °C.
Das ist kaum wärmer als eine
Tasse Tee.

Die **SONNE** braucht mindestens
220 Mio. Jahre,
um das Zentrum der Milchstraße
einmal zu umkreisen.

91 %
der **ATOME** in der **SONNE** sind **WASSERSTOFFATOME.** Wasserstoff ist das leichteste chemische Element.

15000000 °C
beträgt die geschätzte Temperatur im
Kern der Sonne.

Der **SCHNELLSTE PULSAR** (rotierender Neutronenstern), **PSR J1748–2446AD**, dreht sich
716-mal pro Sekunde.

Im Universum gibt es wohl **100 Trilliarden**
STERNE (10^{23}).

Der MOND

Der Mond ist unser nächster Nachbar im Weltall. Er leuchtet am Nachthimmel, weil er das Licht der Sonne reflektiert. Seine kahle, aber auf ihre Art wunderschöne Landschaft zeichnet sich durch Geröll, Krater und staubige Ebenen aus.

Der **MOND** ist etwa **384 400 km** **VON DER ERDE ENTFERNT**. Der Flug dorthin dauert etwas mehr als **60 Stunden**.

Der Astronaut **ALAN SHEPARD (Apollo 14)** schlug auf dem Mond **2 GOLFBÄLLE**.

Der **DURCHMESSER** des **SÜDPOL-AITKEN-BECKENS**, des größten und ältesten bekannten Kraters, beträgt **2500 km**.

Der Mond dreht sich in **27,3 Tagen** **EINMAL UM DIE ERDE** und um sich selbst.

1969 betraten die Apollo-11-Astronauten **Neil Armstrong** und **Buzz Aldrin** als erste Menschen den Mond.

12 Menschen waren mit **6 Apollo-Missionen** (1969–1972) auf dem **MOND**.

7,5 Minuten dauert eine totale **SONNENFINSTERNIS**, bei der die Sonne vollständig vom Mond **VERDECKT** wird, maximal.

DIE TEMPERATUR auf dem **MOND** liegt zwischen **–173 °C** und **127 °C**.

49 MONDE würden in die Erde passen.

5185 KRATER AUF DEM MOND haben mehr als **20 km** Durchmesser.

Astronomen vermuten, dass der Mond sich nach einer **KOLLISION** der Erde mit einem etwa marsgroßen Planeten **BILDETE**. Das war vor etwa **4,5 Mrd. Jahren**.

Die Schwerkraft des Mondes beträgt **17 %** von der der Erde.

1959 wurde zum **ERSTEN MAL** die Rückseite des Mondes, die immer von der Erde abgewandt ist, **FOTOGRAFIERT** – von der sowjetischen Raumsonde **LUNA 3**.

Der **DURCHMESSER DES MONDES** beträgt **3475 km**. Das ist weniger, als die **USA BREIT SIND**.

Sie brachten **382 kg MONDGESTEIN** mit zur Erde zurück.

42 km legte der sowjetische Rover **LUNOCHOD 2** im Jahr **1973** auf dem Mond zurück.

Der **MOND** bewegt sich **3,78 cm** pro Jahr **VON DER ERDE WEG**.

Die
PLANETEN

Neben der Erde umkreisen noch sieben weitere Planeten und fünf Zwergplaneten die Sonne. Es gibt viele Monde und noch mehr Asteroiden. Alle zusammen bilden das Sonnensystem.

VALLES MARINERIS, ein verzweigtes Schluchtensystem auf dem Mars, ist **5-mal LÄNGER** und fast **4-mal TIEFER** als der Grand Canyon in den USA.

NEPTUN-WINDE erreichen bis zu **2100 km/h**. Sie sind die **SCHNELLSTEN** im ganzen Sonnensystem.

1300 ERDEN würden **IN JUPITER PASSEN**. Er hat fast **2-mal** so viel Masse wie alle anderen Planeten zusammen.

SATURN hat mehr als **80 Monde**. Der größte von ihnen heißt **TITAN**. Er ist sogar größer als der Planet **MERKUR**.

1781 war **URANUS** der **ERSTE PLANET**, der **MIT EINEM TELESKOP** entdeckt wurde.

1 TAG UND 1 NACHT auf Merkur sind **176 Erdtage** lang.

Neptun ist **30-mal** weiter **von der Sonne** entfernt als die Erde.

OLYMPUS MONS ist ein Vulkan auf Mars. Er ist **25 km** hoch, also fast **3-mal** so hoch wie der **MOUNT EVEREST**.

MAAT MONS ist mit einem Durchmesser von **395 km** der **GRÖSSTE** von mehr als **1600 Vulkanen** auf der **VENUS**.

Nach seiner Entdeckung im Jahr 1930 galt **PLUTO** **76 Jahre** lang als Planet. 2006 wurde er dann als **ZWERGPLANET EINGESTUFT**.

Wenn du auf der Erde **50 kg** schwer bist, würdest du **auf Jupiter** ganze **126,4 kg** wiegen.

SATURNS HELLE RINGE haben etwa **280 000 km** Durchmesser, sind aber nur etwa **100 m** dick.

MERKUR hat einen **EISENKERN**, der etwa **61 %** seines Volumens einnimmt.

Mehr als **1 100 000** kleine Brocken aus Gestein und Metall kreisen im **ASTEROIDENGÜRTEL** um die **SONNE**.

PLUTOS Name wurde 1930 von der **11-JÄHRIGEN ENGLISCHEN SCHÜLERIN** Venetia Burney vorgeschlagen. Als Belohnung erhielt sie **5 Pfund**.

ERFORSCHUNG DES WELTALLS

Wissenschaftler versuchen, möglichst viel über den Weltraum herauszufinden. Menschen betraten bereits den Mond und senden Raumsonden zu Himmelskörpern im Sonnensystem und sogar darüber hinaus.

Der **ERSTE BEMANNTE RAUMFLUG** durch den russischen Kosmonauten **Juri Gagarin** dauerte 1961 **108 Minuten**.

45 Minuten

braucht man, um **EINEN RAUMANZUG ANZUZIEHEN**. Dazu gehört auch spezielle Unterwäsche, die den **Astronauten kühl hält**.

Das **SPACESHUTTLE-PROGRAMM** der NASA dauerte **30 Jahre**: von **1981** bis **2011**.

Für **CHINAS ERSTEN BEMANNTEN RAUMFLUG** (2003) wurde Yang Liwei aus mehr als **1500 KANDIDATEN** ausgewählt. An Bord der Shenzhou 5 umkreiste er die Erde **14-mal**.

Die NASA hat ein Set aus **RIESIGEN RADIOANTENNEN**, das **DEEP SPACE NETWORK** (DSN). Sie stehen an **3 VERSCHIEDENEN ORTEN** und können Raumfahrzeuge viele **Milliarden Kilometer** von der Erde entfernt noch orten.

Das Weltraumteleskop Gaia vermisst Himmelsobjekte, die **400 000-mal LICHTSCHWÄCHER** als mit bloßem Auge erkennbare sind.

400 171 km entfernten sich die **3 ASTRONAUTEN** der Mission **APOLLO 13** von der Erde. Kein Mensch war jemals **WEITER VON DER ERDE** weg.

Das Raumfahrzeug **NEW SHEPARD 4** startete **2021** zu einem Testflug, bei dem der bisher **JÜNGSTE ASTRONAUT (18 Jahre)** und der bisher **ÄLTESTE (90 Jahre)** ins All flogen.

1984 flogen **4 Astronauten** per **DÜSENRUCKSACK 90 m** weit, um **2 SATELLITEN** zurück zum Raumfahrzeug zu holen.

Aufnahmen von Grußbotschaften in **55 SPRACHEN** sowie **115 FOTOS** von der Erde sind auf goldbeschichteten Platten an Bord der **VOYAGER-SONDEN** – für den Fall, dass sie auf außerirdisches Leben treffen.

Auf der Erde wiegen **DÜSENRUCKSACK** und **RAUMANZUG** rund **266 kg**.

Die **Raumsonde Voyager 1** wurde **1977** gestartet. Sie ist heute mehr als **23,5 Mrd. km** von der Erde entfernt.

90 km insgesamt legten **alle 3 MONDFAHRZEUGE (LUNAR ROVING VEHICLES, LRV)** auf dem **MOND** zurück. Ihre Höchstgeschwindigkeit lag bei **18 km/h**.

DIE GESAMTSTRECKE, die alle **5 NASA-SPACESHUTTLES** bei ihren 135 Missionen zurücklegten, ist **826 700 000 km**.

Christina Koch hält den Rekord für den **LÄNGSTEN RAUMFLUG EINER FRAU**. Sie verbrachte **328 TAGE IM ALL**.

DIE RAUMSONDE JUNO brachte **3 LEGO-FIGUREN AUS Aluminium** zum Jupiter.

Rekord! Der Kosmonaut **Anatoli Solowjow** absolvierte **16 EVA-Einsätze** von insgesamt **82 Stunden, 22 Minuten**.

TOP 10 der größten Startraketen

1 **Saturn V** • USA • **111 m**
Im Einsatz: **1967–1973**

Die Saturn V ist nicht nur die größte, sondern auch die schwerste je gebaute Rakete. Voll betankt war sie 2,8 Mio. kg schwer – das ist mehr als das Gewicht von 450 Afrikanischen Elefantenbullen.

2 **N1** • Sowjetunion, Testrakete • **105 m**
Im Einsatz: **1969–1972**

Die riesige N1-Rakete sollte ursprünglich Kosmonauten zum Mond bringen, doch sie wurde nie erfolgreich gestartet.

3 **Ares I-X** • USA, Testrakete • **94,2 m**
Im Einsatz: **2009**

Ares I-X war ein Prototyp der NASA. Sie wurde nur einmal gestartet und absolvierte einen kurzen Testflug.

4 **Delta IV Heavy** • USA • **72 m**
Im Einsatz: **seit 2004**

Sie kann bis zu 31 Tonnen schwere Lasten in die Erdumlaufbahn befördern. Um ins All zu gelangen, zündet sie zwei zusätzliche Boosterraketen.

5 **SpaceX Falcon Heavy** • USA • **70 m**
Im Einsatz: **seit 2018**

Die Falcon Heavy ist die derzeit stärkste Rakete. Ihre 27 Triebwerke erzeugen maximal 2268 Tonnen Schubkraft.

6 **SpaceX Falcon 9** • USA • **70 m**
Im Einsatz: **seit 2010**

Die wiederverwendbare Falcon-9-Rakete wurde konstruiert, um Menschen und Objekte kostengünstiger ins All zu transportieren.

7 **Angara-A5** • Russland • **64 m**
Im Einsatz: **seit 2014**

Die Angara-A5 wurde im Auftrag der russischen Regierung gebaut Sie nutzt umweltfreundlicheren Treibstoff als ihre Vorgängerrakete Proton-M.

8 **Delta IV** • USA • **62,5 m**
Im Einsatz: **seit 2002**

Die Delta IV besitzt, wie andere Delta-Modelle, das bisher größte Wasserstoff-Verbrennungstriebwerk.

9 **Chang Zheng 2F** (Langer-Marsch-Rakete) • China • **62 m**
Im Einsatz: **seit 1999**

Die Chang Zheng 2F ist eine zweistufige Rakete mit vier Boostern. Sie wurde zum Starten von bemannten Raumfahrzeugen gebaut.

10 **Ariane 4** • Europäische Weltraumagentur (ESA) • **58,72 m**
Im Einsatz: **1990–2003**

In der Zeit, in der die Ariane 4 im Einsatz war, absolvierte sie 113 erfolgreiche Starts und transportierte viele Satelliten ins All.

Die **ISS** ist **109 m BREIT**. Das entspricht etwa der Länge eines **FUSSBALLFELDS**.

Die ISS fliegt **27 500 km/h** schnell und umkreist die Erde etwa **16-mal** pro Tag.

Mit insgesamt mehr als **879 TAGEN** während **5 MISSIONEN** hält Kosmonaut Gennadi Padalka den Rekord der **LÄNGSTEN AUFENTHALTSDAUER IM ALL**.

Da ohne Schwerkraft die Wirbelsäule **ENTSPANNT**, können Astronauten im All bis zu **7,6 cm größer** sein als auf der Erde.

DENNIS TITO aus den USA bezahlte 1991 als erster Weltraumtourist angeblich **20 000 000 $** für seinen Flug zur ISS.

Der erste **REIN WEIBLICHE EVA-EINSATZ** der beiden US-Astronautinnen Jessica Meir und Christina Koch dauerte **7 Stunden UND 17 Minuten**.

2007 lief Astronautin Sunita Williams **4 Std. und 24 min.** auf dem Laufband der ISS und absolvierte als erster Mensch einen **MARATHON IM WELTRAUM**.

Die Cupola der ISS hat **7 Fenster** mit Blick auf die Erde – **6 SEITENFENSTER** und **1 RUNDFENSTER OBEN**.

Bei **EVA-EINSÄTZEN** tragen Astronauten **UNTERWÄSCHE**, in der **WASSER** durch **91,5 m** lange, enge **SCHLÄUCHE** gepumpt wird, um die Temperatur zu regeln.

1982 züchtete die Crew der Raumstation Saljut 7 **ERSTMALS PFLANZEN IM ALL**, die blühten und Samen trugen.

Eine Stadt in Australien verlangte von der NASA **400 $ STRAFE** wegen **VERMÜLLUNG**, als **TEILE** der US-Weltraumstation **SKYLAB** herabfielen (1979).

Die erste Weltraumstation war die sowjetische **SALJUT 1** (1971). Sie umkreiste die Erde **175** Tage lang und legte dabei **118,6 Mio. km** zurück.

LEBEN IM WELTALL

Weltraumstationen sind riesige Raumfahrzeuge in einer Erdumlaufbahn, in denen Astronauten leben und arbeiten. Ab 1970 bauten die USA, Russland und China mehrere davon, heute sind nur noch zwei in Betrieb. Eine ist die Internationale Raumstation (ISS).

Bis zu **8 RAUMFAHRZEUGE** können gleichzeitig an die **ISS** andocken.

Bisher waren **242 ASTRONAUTEN** aus **19 NATIONEN** auf der **ISS**.

CHINAS ERSTE RAUMSTATION hieß **TIANGONG-1**. Mit einer Länge von **10,4 m** war sie so groß wie ein Schulbus.

ERDE

2

Die Erde **UMKREIST** die Sonne in einem durchschnittlichen **ABSTAND** von

149 598 262 km.

Würde man diese Strecke mit **80 km/h** zurücklegen, bräuchte man

213 JAHRE.

Nur **4 ELEMENTE** – Eisen, Sauerstoff, Silizium und Magnesium – bilden

90 %

der **ERDMASSE**.

Die **ERDE** entstand vor rund

4,54 Milliarden Jahren.

Der **INNERE KERN** der Erde hat ungefähr die gleiche Temperatur wie die **SONNENOBERFLÄCHE**: **5500 °C.**

Die Erde hat um die Mitte einen leichten Wulst. Der **UMFANG** des **ÄQUATORS** beträgt **40 075 km** und ist damit etwa **67 km** länger als die Strecke über die **POLE**.

31 %

der **LANDFLÄCHE** sind mit **WALD** bedeckt.

Die Erde ist der **FÜNFTGRÖSSTE PLANET IM SONNENSYSTEM**. Sie hat einen Durchmesser von

12 742 km.

Der **ERDMANTEL** besteht aus Gestein und ist rund

2900 km

dick. Er macht **ZWEI DRITTEL** der Erdmasse aus.

Die Masse der Erde ist

9-MAL

größer als die des

MARS.

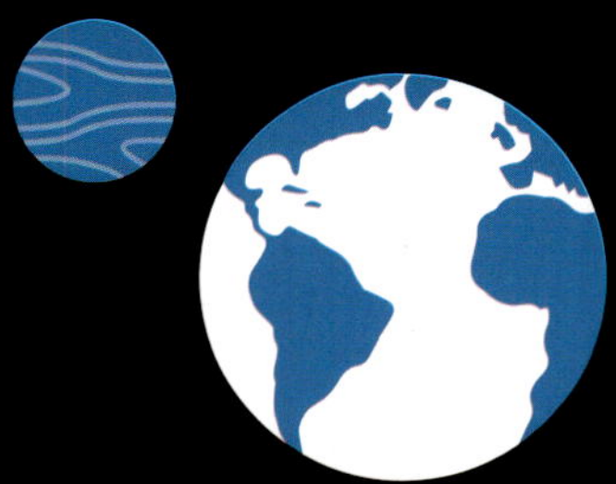

Unser Planet hat **4 SCHICHTEN**: innerer und äußerer Kern, Erdmantel und Erdkruste.

Ein **WASSERMOLEKÜL** verbringt etwa **10 TAGE** in der **ATMOSPHÄRE**, bevor es als Regen, Hagel, Tau oder Schnee auf die Erde zurückfällt.

90 % der **FEUCHTIGKEIT** in der Atmosphäre ist **WASSERDAMPF**, der von der Erdoberfläche aufsteigt.

Der BLAUE PLANET

Aus dem All sieht unser Planet aus wie eine blaue Murmel mit weißen Wirbeln. Das Leben konnte sich hier entwickeln, weil die Erde die richtige Größe und Entfernung von der Sonne hat, weil es flüssiges Wasser gibt und weil die dichte Atmosphäre Sauerstoff enthält.

Würde die **ATMOSPHÄRE** die **WÄRME** nicht **FESTHALTEN**, wäre die mittlere Temperatur **33 °C** **KÄLTER**, als sie heute ist.

Die Gesteinskruste der Erde ist **ZERTEILT** in sogenannte **TEKTONISCHE PLATTEN**. Es gibt **7 GROSSE** und viele kleinere dieser Platten.

2–7 cm **WEIT** bewegen sich die **TEKTONISCHEN PLATTEN** jedes Jahr. Etwa so schnell wachsen auch Fingernägel.

Da die Erdachse um **23,5°** geneigt ist, haben wir auf Nord- und Südhalbkugel **VERSCHIEDENE JAHRESZEITEN**.

68,7 % des **SÜSSWASSERS** sind in **EISKAPPEN UND GLETSCHERN** gebunden.

Es gibt **3 GRUPPEN**: Sedimentgestein, magmatisches und metamorphes Gestein.

Ein **FULGURIT** bildet sich, wenn ein **BLITZ** mit einer Temperatur von mindestens

1800 °C

in Sand oder Gestein einschlägt.

Etwa

80–90 %

DER GESTEINE an der Erdoberfläche sind **SEDIMENTGESTEINE**.

BLAUE DIAMANTEN machen nur **0,02 %** aller Diamanten aus. Sie bilden sich erst ab einer Tiefe von **660 km** – bis zu **4-MAL TIEFER** als normale Diamanten.

Im Death-Valley-Nationalpark (USA) gibt es riesige **WANDERNDE FELSEN**, die bis zu

300 kg

wiegen. Sie werden von Wind und Eis bis zu

500 m

weit bewegt.

Silikate

bestehen aus **SILIZIUM** und **SAUERSTOFF**. Sie machen

25 %

aller bekannten

Minerale

aus und bilden

90 %

der **ERDKRUSTE**.

KALKSTEIN-STALAKTITEN, wie sie in Tropfsteinhöhlen von der Decke herabhängen, wachsen durchschnittlich

10 cm

IN 1000 JAHREN.

Der **Giant's Causeway** in Nordirland besteht aus etwa **40 000 SÄULEN AUS BASALTGESTEIN**, die sich vor **50–60 Mio. JAHREN** bildeten.

STEINE UND EDELSTEINE

Durch **EROSION** von **KALKGESTEIN** entstanden die Carlsbad Caverns (New Mexico, USA), mehr als **120 Höhlen**. Eine davon, die **LECHUGUILLA-HÖHLE**, ist über **223 km** lang.

Die Erdkruste besteht aus Gesteinen und diese wiederum aus mehr als 3000 verschiedenen Mineralien. Edelsteine sind Mineralien, die man schleifen und polieren kann. Sie gelten als wertvoll, weil sie schön und gleichzeitig selten sind.

Diamanten bilden sich bei sehr starker Hitze und hohem Druck in **TIEFEN VON 140–190 km** unter der Erdoberfläche.

Der **GRANITSTEINBRUCH** am Mount Airy (USA) erstreckt sich über **24 Hektar**. Diese Fläche entspricht etwa **66 FUSSBALLFELDERN**.

Der erste **LASER** wurde im Jahr **1960** mit einem **RUBIN** gebaut.

Pro Jahr werden mehr als **160 Mio. Tonnen BAUXITGESTEIN** abgebaut und anschließend zu **ALUMINIUM** verarbeitet.

Der rund **2 m** lange Klangstein **GAVAL DASH** in Aserbaidschan klingt **WIE EIN TAMBURIN**, wenn man darauf schlägt.

Nur **20** Personen pro Tag dürfen die Sandsteinformation **THE WAVE** in Arizona (USA) **BESUCHEN**. 2019 bewarben sich über **200 000** Personen um eine **GENEHMIGUNG**.

TOP 10 der höchsten Berggipfel

Mount Everest • China, Nepal
8848 m • Erstbesteigung: **1953**

Der Mount Everest im Himalaja-Gebirge ist der höchste Berg der Erde. Durch die Bewegung der tektonischen Platten „wächst“ er weiterhin um etwa 5 mm pro Jahr.

1

2 **K2** • China, Pakistan • **8611 m**
Erstbesteigung: **1954**
Der K2 liegt im Karakorum-Gebirge, wo die höchsten Gipfel der Welt dicht beieinander liegen.

3 **Kangchenjunga** • Indien, Nepal • **8586 m**
Erstbesteigung: **1955**
Der Kangchenjunga galt bis 1852 als höchster Berg der Welt, doch dann wurden neue Berechnungen angestellt.

4 **Lhotse** • China, Nepal • **8516 m**
Erstbesteigung: **1956**
An der Westflanke des Lhotse liegt die eisige Lhotse-Wand, die Bergsteiger auf dem Weg zum Everest überwinden müssen.

5 **Makalu** • China, Nepal • **8485 m**
Erstbesteigung: **1955**
Mit seiner Pyramidenspitze hat der Makalu viele steile Felswände und ist einer der am schwersten zu besteigenden Berge.

6 **Cho Oyu** • China, Nepal • **8188 m**
Erstbesteigung: **1954**
Der Cho Oyu liegt in der Nähe des Gebirgspasses Nangpa La, der Teil des höchsten Handelswegs im Himalaja ist.

7 **Dhaulagiri I** • Nepal • **8167 m**
Erstbesteigung: **1960**
Der höchste Gipfel des Massivs Dhaulagiri Himal ist von den Nebenflüssen großer Ströme umgeben, darunter die Bheri und der Kali Gandaki.

8 **Manaslu** • Nepal • **8163 m**
Erstbesteigung: **1956**
Gefährdete Tierarten wie der Schneeleopard und der Kleine Panda leben in den Tälern des Manaslu, die als Schutzgebiet ausgewiesen wurden.

9 **Nanga Parbat** • Pakistan • **8126 m**
Erstbesteigung: **1953**
An der Südseite des Nanga Parbat liegt die 4500 m hohe Rupal-Flanke, die als höchste Steilwand der Erde gilt.

10 **Annapurna I** • Nepal • **8091 m**
Erstbesteigung: **1950**
Die felsige Annapurna I war der erste über 8000 m hohe Berggipfel, der von Menschen bestiegen wurde.

Erdbeben und

VULKANE

Die Erdkruste besteht aus mehreren Teilen, den tektonischen Platten. Sie bewegen sich langsam auf dem heißen, geschmolzenen Gestein, das darunter liegt. Wenn zwei Platten aneinanderreiben und Schockwellen erzeugen, entsteht ein Erdbeben. Vulkane brechen aus, wenn geschmolzenes Gestein durch Spalten in der Erdkruste nach oben gepresst wird.

Vom Fuß am Meeresgrund aus gemessen hat der **MAUNA LOA** auf **HAWAII** eine Gesamthöhe von **17 170 m** und ist somit der **HÖCHSTE VULKAN** der Welt.

60 000 000 Tonnen Schwefel wurden **1815** beim Ausbruch des **MOUNT TAMBORA** in die Atmosphäre geschleudert.

1935 stellte Charles F. Richter seine **RICHTER-SKALA** zur Messung der **STÄRKE VON ERDBEBEN** vor. Die Skala reicht von **1 bis 10**.

JEDES JAHR gibt es rund **500 000** messbare Erdbeben. **100 000** sind spürbar und nur etwa **100** verursachen Schäden.

Die **SCHNELLSTEN SCHOCKWELLEN** von Erdbeben pflanzen sich mit bis zu **18 000–28 800 km/h** durch den Erdboden fort.

Die Temperatur von **LAVA** – heißem, geschmolzenem Gestein aus Vulkanen – liegt bei etwa **700–1200 °C**

Der **OJOS DEL SALADO** in den **ANDEN** in Südamerika ist mit

6893 m

der **HÖCHSTE AKTIVE VULKAN** der Welt.

79 v. Chr.

brach der **VESUV** aus und begrub die antiken römischen Städte **POMPEIJ UND HERCULANEUM**.

ALASKA erlebt fast jedes Jahr ein Erdbeben der **STÄRKE 7** und alle **14 JAHRE** ein Erdbeben der **STÄRKE 8 ODER HÖHER**.

Im Februar 2010 **VERSCHOB** ein Erdbeben der **STÄRKE 8,8** die **STADT CONCEPCIÓN** in Chile um etwa

3,05 m

nach Westen.

Der **Ausbruch** des **Vulkans Krakatau in Indonesien** (1883) war in mehr als

3000 km

Entfernung noch hörbar und die **ASCHE** stieg rund

80 km

hoch in die Atmosphäre.

Ein Erdbeben der **STÄRKE 9,5** in **VALDIVIA (CHILE, 1960)** ist das **stärkste**, das **je aufgezeichnet** wurde. **2 000 000** Menschen verloren ihr Dach über dem Kopf.

90 % der Erdbeben und **75 % der Vulkane** der Welt liegen auf dem **„FEUERRING“** rund um den Pazifischen Ozean.

Auf der Erde gibt es etwa **1500 AKTIVE VULKANE.**

60 km/h

ist die Geschwindigkeit, mit der die Lava aus dem Nyiragongo (Kongo, 1977) strömte, im **schnellsten** je aufgezeichneten **Lavafluss**.

107 000

FLÜGE WURDEN ABGESAGT, weil so viel Asche in der Atmosphäre war, nachdem in Island der **Eyjafjallajökull** ausgebrochen war (2010).

Der Vulkan **PARÍCUTIN** öffnete sich **1943** im **MAISFELD** eines mexikanischen Bauers und wuchs innerhalb eines Jahres rund

336 m.

Natur-

WUNDER

Von den höchsten Berggipfeln bis hinunter in die tiefsten unterirdischen Höhlen gibt es auf unserem Planeten herrliche Landschaften und zahlreiche erstaunliche Tiere.

Jedes Jahr wandern auf der **WEIHNACHTSINSEL**, die zu **AUSTRALIEN** gehört, mindestens **40 Mio. KÖNIGSKRABBEN** aus den Wäldern zum Meer, um sich dort **FORTZUPFLANZEN**. **1–2 KRABBEN DRÄNGEN SICH AUF 1 m²** Strandfläche.

Mit einer Fläche von **10 582 km²** ist der **SALAR DE UYUNI** in Bolivien die **GRÖSSTE SALZPFANNE** der Welt. Sie enthält rund **10 Mrd. Tonnen Salz**.

Bei **WULINGYUAN** in China gibt es mehr als **3000 SANDSTEINSÄULEN UND NADELN**, die in dem **380 Mio. Jahre alten** Sandstein durch Wassererosion entstanden sind.

Die **WAITOMO-HÖHLEN** in Neuseeland werden von **HUNDERTTAUSENDEN VON GLÜHWÜRMCHEN** erleuchtet. Um Beute zu fangen, lassen sie **50 cm LANGE**, klebrige Fäden von der Decke hängen.

Der **GRÖSSTE BIBERDAMM** der Welt ist **850 m** lang und wurde **2007** in Alberta (Kanada) entdeckt.

Der **Geysir Old Faithful** im Yellowstone-Nationalpark (USA) bricht rund **20-mal pro Tag** aus und dabei schießen jeweils **14 000–31 800 LITER** Wasser aus dem Boden.

2,8 Mio. Liter WASSER fließen jede Sekunde über die **3 KASKADEN** der **NIAGARAFÄLLE**.

Die Gesteine im **GRAND CANYON** in Arizona (USA) sind bis zu **2 Mrd. JAHRE ALT**. Er ist **1,6 km TIEF** und **446 km LANG**.

Mit **348 m** ist der **ULURU** in Australien der **GRÖSSTE FELSBROCKEN** der Welt. Am höchsten Punkt ist er **HÖHER ALS DER EIFFELTURM.**

Der **122 m** lange **XIANREN QIAO** über den Fluss Buliu (China) ist der **LÄNGSTE NATURBOGEN** der Welt. Er wurde **2009** entdeckt.

Die Kristalle in der **KRISTALLHÖHLE** von Naica (Mexiko) sind bis zu **11 m LANG** und bis zu **50 Tonnen** schwer.

Wasser fällt **979 m** tief über den höchsten Wasserfall der Welt: den **Salto Angel** in Venezuela.

Im **ARCHES-NATIONALPARK** in Utah (USA) gibt es mehr als **2000** benannte **FELSBOGEN.**

Auf Palawan (Philippinen) gibt es einen **8,2 km LANGEN**, schiffbaren **unterirdischen Fluss** unter dem Mount St. Paul.

Bäume und

WÄLDER

Es gibt mehr als 60 000 Baumarten, von winzigen Arten, die nicht größer sind als eine Hand, bis zu Sequoias, die so hoch sind wie Wolkenkratzer. Sie liefern nicht nur Bauholz, sondern verhindern auch die Bodenerosion, nehmen Kohlendioxid auf und bieten Tieren Lebensraum.

IN NUR 3 LÄNDERN – Russland, Brasilien und Kanada – liegen **40,8 % aller Wälder der Erde**.

119 000 km² gingen 2019 durch **ABHOLZUNG UND BRÄNDE** verloren – das ist **fast 3-mal DIE FLÄCHE DER SCHWEIZ**.

Die **HÖCHSTE BAUMART**, der Küstenmammutbaum, erreicht eine **HÖHE** von **116 m**.

REGENWÄLDER bedecken nur etwa **6 %** der Erde, beherbergen aber **ÜBER DIE HÄLFTE** aller **TIER- UND PFLANZENARTEN**.

Eine Eiche bietet Lebensraum für **500 ARTEN** Vögel, Insekten, Pilze und Flechten.

BAOBABS sind die **ältesten Bäume in Afrika**. Sie leben **3000 Jahre**.

Die Coulter-Kiefer hat sehr **GROSSE ZAPFEN**, die bis zu **3,6 kg** wiegen – wie ein neugeborenes **BABY**.

2016 wurden bei einem **AUFFORSTUNGSPROGRAMM** in Uttar Pradesh (Indien) von **800 000 MENSCHEN** in **24 STUNDEN** **50 414 058 BÄUME** gepflanzt.

Die **BLÄTTER** der **RAPHIAPALME** *Raphia regalis* können **25 m** lang werden. Das ist **1,5 m** länger als ein Tennisplatz.

BIRKEN produzieren **1 Mio.** Samen pro Jahr.

Im tropischen Regenwald wurde 2019 **ALLE 6 SEKUNDEN** die **FLÄCHE EINES FUSSBALLFELDS ABGEHOLZT**.

Weltweit ging die **ZAHL DER BÄUME** um **46 % ZURÜCK**, seit **VOR RUND 12 000 JAHREN** die menschliche Zivilisation begann.

Die **EXPLOSIVEN SPALTFRÜCHTE** des Sandbüchsenbaums **SCHLEUDERN IHRE SAMEN** mit bis zu **252 km/h**. Die Samen fliegen etwa **100 m** weit.

KRAUT-WEIDEN werden nur maximal **6 cm** hoch.

FLEDERMÄUSE bestäuben die **20 cm BREITEN BLÜTEN** des **BAOBABBAUMS**.

AUF 4853 JAHRE wird 2021 das **ALTER** von „Methuselah" geschätzt. Der genaue Standort der **LANGLEBIGEN GRANNEN-KIEFER** im Inyo National Forest (Kalifornien, USA) ist **geheim**.

TOP 10 der längsten Flüsse

1

Nil • Afrika • **6650 km**
Mündung: Mittelmeer

Der Nil ist und war immer schon von entscheidender Bedeutung für die Landwirtschaft und den Fischfang in Nordost-Afrika. Er fließt nordwärts durch elf Länder und mündet in einem großen Delta ins Mittelmeer.

2 **Amazonas-Ucayali-Apurímac** • Südamerika
6500 km • Mündung: Atlantischer Ozean

Der größte und breiteste Fluss in diesem Stromsystem ist der Amazonas. Er befördert ein Fünftel des gesamten Süßwassers der Erde, das in die Weltmeere gelangt.

3 **Jangtse** • Asien • **6300 km**
Mündung: Ostchinesisches Meer

Der Jangtse ist der längste Fluss, der nur durch ein einziges Land fließt (China). Mehr als 30 Großstädte liegen an seinen Ufern.

4 **Mississippi-Missouri-Red Rock** • Nordamerika
5971 km • Mündung: Golf von Mexiko

Der Mississippi beginnt als 3 m breiter Bach in Minnesota (USA) und fließt von dort durch 10 Bundesstaaten der USA.

5 **Jenissei-Baikal-Selenga** • Asien
5540 km • Mündung: Karisches Meer

Der Jenissei in Russland fließt durch den Baikalsee, den größten Süßwassersee der Erde.

6 **Huang He** (Gelber Fluss) • Asien
5464 km • Mündung: Gelbes Meer

Huang He ist chinesisch für „Gelber Fluss". Er transportiert pro Jahr mehr als 1,6 Mrd. Tonnen lehmigen Schlamm.

7 **Ob-Irtysch** • Asien • **5410 km**
Mündung: Nordpolarmeer

Das Flusssystem von Ob und Irtysch im Westen von Sibirien ist mehr als die Hälfte des Jahres gefroren und nicht befahrbar.

8 **Paraná** • Südamerika
4880 km • Mündung: Atlantischer Ozean

Am Paraná stehen der Itaipú-Staudamm und -Stausee. Er speist das zweitgrößte Wasserkraftwerk der Welt.

9 **Kongo** • Afrika • **4700 km**
Mündung: Atlantischer Ozean

Zu beiden Seiten des Flusses liegen die Hauptstädte der Republik Kongo und der Demokratischen Republik Kongo.

10 **Amur-Argun** • Asien • **4444 km**
Mündung: Ochotskisches Meer

Der Amur ist die Heimat von mehr als 120 einzigartigen Fischarten, darunter der Kaluga-Hausen.

Meere und

OZEANE

Die Weltmeere enthalten 97 Prozent des gesamten Wassers auf der Erde. Sie sind untereinander verbunden und bedecken etwa 71 Prozent der Erdoberfläche. Im Wasser der Ozeane entstand vor rund 3,5 Milliarden Jahren auch das Leben.

Die Ozeane nehmen etwa **30 %** der **KÜNSTLICHEN KOHLENDIOXID-EMISSIONEN** auf.

Knapp **3,5 %** des Gewichts von **MEERWASSER** stammt von **GELÖSTEN SALZEN**.

Korallenriffe bedecken weniger als **1 %** des **MEERESBODENS**, aber sie ernähren rund **25 %** aller **MEERESLEBEWESEN**.

Bis zu **3 Mio. SCHIFFE** liegen als **WRACKS** auf dem **MEERESBODEN**.

Mehr als **80 %** der Meere sind noch nicht **erforscht** und **kartografiert**.

3682 m beträgt etwa die **MITTLERE TIEFE** der Weltmeere.

Die **OZEANE** erzeugen mehr als **50 %** des **SAUERSTOFFS** auf der Erde.

Die ersten **KORALLENRIFFE** erschienen vor etwa **500 Mio. Jahren**.

TSUNAMI-WELLEN

pflanzen sich im tiefen Wasser mit **500–1000 km/h** fort. In Festlandnähe **WERDEN SIE LANGSAMER** und gleichzeitig **HÖHER**.

Der größte Seetang

(*MACROCYSTIS PYRIFERA*, RIESENTANG) erreicht eine Höhe von über **30 m** und wächst **JEDEN TAG** bis zu **60 cm**.

Bruce Cantrell und Jessica Fain (USA) halten den **REKORD** für den **LÄNGSTEN NON-STOP-AUFENTHALT** in einem Unterwasser-Habitat: **73 TAGE, 2 STUNDEN, 34 MINUTEN**.

1520

fuhr der Entdecker **Ferdinand Magellan** als **ERSTER** mit europäischen Schiffen auf einen Ozean, den er **PAZIFIK** nannte: **„FRIEDLICH“**.

In der **BAY OF FUNDY** (Kanada) herrschen die **GRÖSSTEN UNTERSCHIEDE** im Wasserspiegel bei Flut und Ebbe – an manchen Stellen **20 m**.

1912

prallte das Passagierschiff **RMS *TITANIC*** auf einen **EISBERG IM ATLANTIK** und sank. Ihr Wrack liegt in einer Tiefe von **3800 m**.

10 994 m tief liegt der **TIEFSTE BEKANNTE PUNKT** der Ozeane im **Challengertief** im Pazifischen Ozean.

Australiens **Great Barrier Reef** umfasst etwa **3000 RIFFE, 600 KORALLENARTEN** und **3000 ARTEN VON WEICHTIEREN**.

RIFF-FISCHE UND -WEICHTIERE sind Nahrung für **30–40 Mio.** Menschen jährlich.

WÜSTEN

Wüsten sind die trockensten Orte auf der Erde. Hier fällt weniger als 250 mm Niederschlag pro Jahr. Einige Wüsten sind heiß, andere kalt. Die Umweltbedingungen sind hart, dennoch gibt es viele Lebewesen, die daran angepasst sind.

Nur etwa **20 %** der **WÜSTEN** sind mit **SAND** bedeckt.

92 km/h erreichte Henrik May auf **SKIERN** in den **DÜNEN DER NAMIB-WÜSTE**.

FOSSILE DINO-EIER, gefunden in der **WÜSTE GOBI**, waren etwa **80 Mio. JAHRE ALT**.

Känguru-ratten in der nordamerikanischen Sonorawüste können **2,75 m** weit springen, um **RÄUBERN ZU ENTKOMMEN**.

1903 begann in der Region **ARICA** in der **Atacama-wüste** (Chile) eine Trockenzeit von **172 Monaten** ohne jeden Regen.

Im Jahr 2011 fuhr Reza Pakrawan (Iran) **MIT DEM FAHRRAD 1734 km**

DURCH DIE SAHARA.

Er brauchte die Rekordzeit von **13 TAGEN**, **5 STD.**, **50 MIN.** und **14 SEKUNDEN**.

Der höchste
SAGUARO-KAKTUS
der Welt war
23,8 m hoch
und stand in der
Sonorawüste (USA).

Das **„GUELB ER RICHAT“** oder **AUGE AFRIKAS** in der Sahara ist ein Inselberg mit einem Durchmesser von
45 km. Mit seinen **RINGEN** sieht er aus dem All wie eine Zielscheibe aus.

Eine **DÜNENGRUPPE** in China **WANDERTE** zwischen **1954** und **1959** mehr als
100 m
pro Jahr.

Die **höchsten Sanddünen** sind mehr als **1000 m** hoch.

Die **PATAGONISCHE STEPPE** ist die **GRÖSSTE WÜSTE** in Südamerika. Ihre Fläche beträgt etwa
673 000 km².

WELWITSCHIE
ist eine Pflanzenart in der **NAMIB-WÜSTE** im südlichen Afrika. Ihre **LEBENSDAUER** wird auf bis zu
1500
JAHRE geschätzt.

Die **STÄRKSTEN TEMPERATURUNTERSCHIEDE** gibt es in der Wüste Gobi. Das **DURCHSCHNITTSHOCH** liegt bei
45 °C,
das **DURCHSCHNITTSTIEF** bei
–40 °C.

9,2 Mio. km²
beträgt die **FLÄCHE**, die in Nordafrika von der **SAHARA** bedeckt wird, der **GRÖSSTEN HEISSEN WÜSTE** der Erde.

Kamele wurden in der **ARABISCHEN WÜSTE** vor etwa **5000 JAHREN GEZÄHMT**. In die **SAHARA** gelangten sie erst viel später, im
1. Jahrhundert.

Das **ERSTE KAMEL** wurde **1840** nach Australien importiert. Heute leben **MEHR ALS**
1 000 000
WILDE KAMELE in den **AUSTRALISCHEN WÜSTEN**.

300 000 Tonnen
SAND wurden **2006** von **SANDSTÜRMEN IN DER WÜSTE GOBI** aufgewirbelt. Der größte Teil davon legte sich über **PEKING (CHINA)**, das mehr als **1600 km** entfernt ist.

An den
POLEN

In den Polarregionen sind die Winter lang und dunkel bei eisigen Temperaturen. Der Nordpol liegt auf Treibeis im Nordpolarmeer, der Südpol dagegen befindet sich mitten auf dem Kontinent Antarktika.

Am **NORDPOL** gibt es pro Jahr **nur 1 SONNENAUF- UND -UNTERGANG.**

0 °C am **NORDPOL** und **−28,2 °C** am **SÜDPOL** sind die **MITTLEREN TEMPERATUREN** während der **SOMMERMONATE.**

20 Mio. PINGUINE leben an den **KÜSTEN DER ANTARKTIS.**

98 % des Antarktis-Festlands **liegen unter Eis und Schnee.**

Unter der Eisdecke von Antarktika liegen etwa **400 Seen.** Der größte ist der **WOSTOKSEE** mit einer Fläche von rund **10 000 km².**

3794 m hoch ist Mount Erebus, der einzige **aktive Vulkan** in der Antarktis.

1986 war die Entdeckerin **Ann Bancroft** (USA) **die erste Frau** am **NORDPOL.** Sie fuhr dazu mehr als **1600 km** mit dem **HUNDESCHLITTEN.**

Die **EINZIGE INSEKTENART** der Antarktis, eine **Zuckmücke**, verbringt pro Jahr **9 Monate** in gefrorenem Zustand.

1911 führte der Norweger **Roald Amundsen** die **ERSTE EXPEDITION** zum **SÜDPOL**. Er nahm **52 Hunde** mit, aber **NUR 12** überlebten die Reise.

Der **SPIRALFÖRMIGE STOSSZAHN DER NARWALE** – kleine Wale, die im Nordpolarmeer leben – kann bis zu **3 m** lang werden.

2007 stellte das **RUSSISCHE U-BOOT *MIR*** eine Flagge am **MEERESGRUND** des Nordpolarmeers auf: **4261 m tief**, direkt unter dem **NORDPOL**.

1258 Forscher leben im Sommer in der **MCMURDO-STATION**, der größten von **70 permanent bewohnten Basen** in der Antarktis.

1978 wurde der Argentinier Emilio Marcos Palma als **ERSTER MENSCH** in der Antarktis geboren.

1959 unterzeichneten **12 NATIONEN** den **ANTARKTIS-VERTRAG**, der auf dem Kontinent nur **FRIEDLICHE FORSCHUNG** erlaubt, keine Ausbeutung der Rohstoffe.

18,3 °C beträgt die **HÖCHSTE** je gemessene **TEMPERATUR** in der Antarktis (Februar 2020).

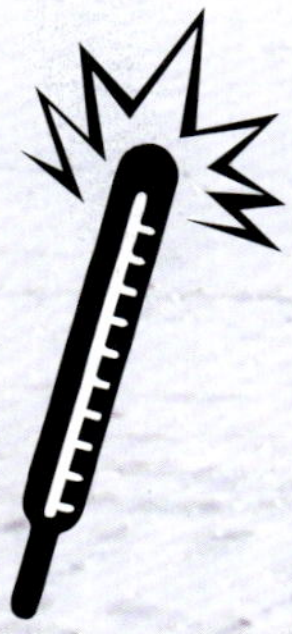

Die ungefähre **BEVÖLKERUNGSZAHL der Arktis** beträgt **4 Mio.**

Klima und

WETTER

Das Wetter umfasst alles, was in der Atmosphäre vorgeht. Ob es draußen sonnig oder bewölkt, regnerisch oder trocken ist, hängt von Windverhältnissen, Temperaturen, Feuchtigkeit und Luftdruck ab. Das Klima beschreibt die durchschnittlichen Wetterbedingungen in einer Region über einen längeren Zeitraum.

Ein **TROPISCHER ZYKLON** wird als Hurrikan eingestuft, wenn der Wind **119 km/h** erreicht.

Der **GRÖSSTE TROPISCHE ZYKLON**, der je beobachtet wurde, war der **TAIFUN TIP (1979)**. Sein Durchmesser betrug rund **2220 km**.

Regentropfen fallen **rund 22,5 km/h** schnell. Die größten Tropfen erreichen **32 km/h**.

Die Rekordmenge von **305 mm** Regen in **60 MINUTEN** fiel **1947** in Missouri (USA).

2019 gab es in den USA **1520** bestätigte **TORNADOS. 77** davon ereigneten sich am **27. MAI**.

1972 überzog ein **7-TÄGIGER** Schneesturm im Iran einen Großteil des Landes mit **3–8 m SCHNEE**.

Rund **11 871 mm REGEN** fallen pro Jahr in **MAWSYNRAM (INDIEN)** – etwa die Höhe von **2 GIRAFFEN**.

POINT REYES (Kalifornien, USA) und **ARGENTIA** (Neufundland, Kanada) sind die **NEBLIGSTEN** Festlandgebiete der Welt: Dort gibt es pro Jahr mehr als **200 NEBELTAGE**.

Der Parkranger Roy Sullivan (USA) wurde **7-mal** vom **BLITZ** getroffen (zwischen **1942** und **1977**).

Die stärksten Tornados erreichen **WINDGESCHWINDIGKEITEN** von mehr als **320 km/h**.

Täglich entstehen weltweit mehr als **3 000 000 BLITZE**. Das sind durchschnittlich **44 BLITZE** pro Sekunde.

BLITZE sind durchschnittlich **3–5 km** lang, aber nur **2–3 cm** breit – also kaum mehr als daumenbreit.

19 der 20 Jahre mit den **HÖCHSTEN GLOBALEN OBERFLÄCHENTEMPERATUREN** waren nach 2001. **2016** und **2020** waren die **WÄRMSTEN JAHRE** seit Beginn der Aufzeichnung.

Ein Blitz kann die Luft auf etwa **30 000 °C** aufheizen, sodass sie sich sehr schnell ausdehnt. So entsteht der **DONNER**.

Das **SCHWERSTE** je vermessene **HAGELKORN** wog **1,02 kg** (Bangladesch, **1986**).

1654 richtete die Familie Medici (Italien) das erste **WETTERBEOBACHTUNGSNETZWERK** ein: **11** Stationen, verteilt über ganz Europa.

Die offiziell geschätzte **SCHADENSSUMME** nach dem **HURRIKAN KATRINA** (USA, 2005) betrug **170 Mrd. US-$**.

Die globale Durchschnittstemperatur lag **2019** um **1,1 °C** höher als **VOR 250 JAHREN**.

Die **DURCHSCHNITTLICHE JÄHRLICHE REGENMENGE** in Quillagua in der Atacama-Wüste (Chile) lag zwischen 1964 und 2001 bei nur **0,5 mm**.

NATUR

URZEITLICHE LEBEWESEN

Die Evolution des Lebens auf der Erde begann vor mehr als 3,5 Milliarden Jahren. Im Lauf der Zeit entwickelte sich eine erstaunliche Vielfalt von Pflanzen und Tieren. Fossilien geben uns eine Vorstellung von einigen der Lebewesen, die vor Millionen Jahren lebten, darunter auch die riesigen Dinosaurier.

TYRANNOSAURUS REX wog bis zu **7000 kg** und wurde bis zu **12 m** lang.

ARGENTINOSAURUS, eines der größten Landtiere aller Zeiten, wurde **35 m** lang und bis zu **70 000 kg** schwer. Das ist **10-mal** schwerer als ein *Tyrannosaurus rex*.

QUETZALCOATLUS hatte als größter Flugsaurier eine **FLÜGELSPANNWEITE** von **11 m**.

Das **WOLLHAAR-MAMMUT** starb vor **10 000 JAHREN** aus, aber einige letzte Exemplare erst vor **4000 JAHREN**.

Tyrannosaurus rex hatte **60 keilförmige Sägezähne**, von denen jeder etwa **20 cm** lang war.

Elasmosaurus, ein Plesiosaurier, hatte **72 Halsknochen**.

Der **Schädel** des *Tyrannosaurus rex* war etwa **1,5 m** lang.

Das Wort **Dinosaurier** heißt **„SCHRECKLICHE ECHSE“**. Sir Richard Owen prägte es im Jahr **1842**.

2020 wurden mehr als **200 Mammutskelette** gefunden: auf einer Flughafen-Baustelle in Mexiko.

EIN *T-REX*-SKELETT namens Stan wurde für **31,8 Mio. $** verkauft **(2020)**.

Der größte bekannte Ichthyosaurier, ***SHONISAURUS***, wurde bis zu **26 m** lang – das ist kaum kürzer als ein Blauwal.

Rund **700 DINOSAURIERARTEN** wurden bisher entdeckt und benannt.

Smilodon, ein urzeitlicher **SÄBELZAHNTIGER**, hatte zwei **28 cm LANGE FANGZÄHNE**.

1947 wurden mehr als **500 Fossilien** von ***Coelophysis*** gefunden: bei der Ghost Ranch in New Mexico (USA).

In Australien wurde der **LÄNGSTE FOSSILE DINOSAURIERFUSSABDRUCK** entdeckt: **1,75 m** lang.

Mikroskopische

WESEN

Überall wimmelt es von winzigen Lebewesen wie Bakterien, Algen, Pilzen, Läusen, Milben und von Viren. Sie sind zwar sehr klein, haben aber oft großen Einfluss auf unser Leben: Einige helfen uns bei der Verdauung, andere verbreiten tödliche Krankheiten.

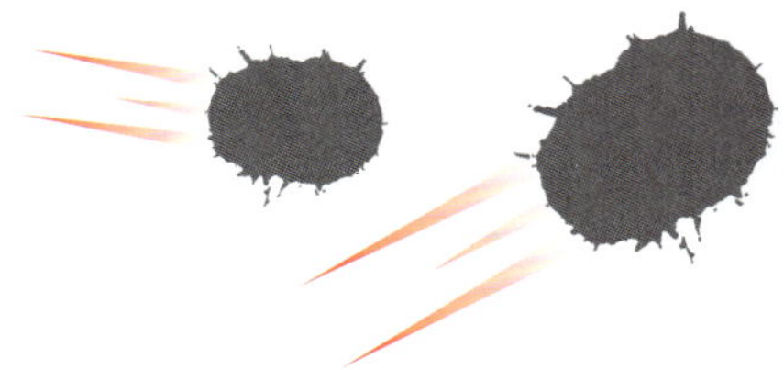

Thiovulum majus ist ein extrem **SCHNELLES BAKTERIUM.** Es legt bis zu **60 KÖRPER-LÄNGEN** pro Sekunde zurück.

CYANOBAKTERIEN (Blaualgen) waren vor rund **2,4 Mrd. JAHREN** die ersten Lebewesen, die **FOTOSYNTHESE** betrieben (Nahrung und Sauerstoff aus Sonnenlicht herstellten).

Mindestens **700 ARTEN** Bakterien und andere Mikroben **leben im Mund.**

BÄRTIERCHEN (achtbeinige winzige Tiere) **ÜBERLEBEN** auch ohne Nahrung und Wasser mehr als **30 JAHRE.**

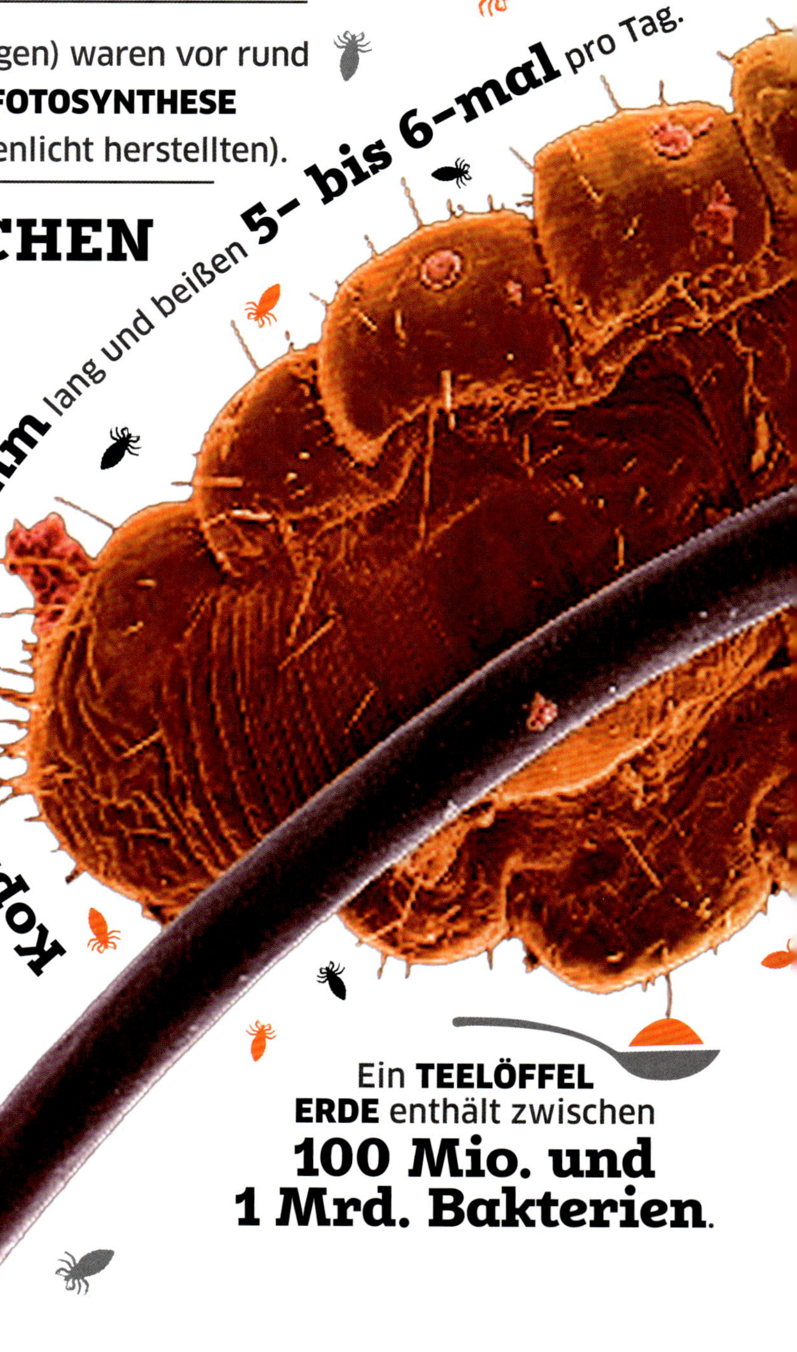

Kopfläuse sind **2–4 mm** lang und beißen **5- bis 6-mal** pro Tag.

Der **ZUCKERARTIGE HAFTSTOFF** der *Caulobacter-crescentus*-Bakterien klebt **3-mal STÄRKER** als Sekundenkleber.

Bis zu **80 % ALLEN SAUERSTOFFS** wird produziert von **Phytoplankton.**

Ein **TEELÖFFEL ERDE** enthält zwischen **100 Mio. und 1 Mrd. Bakterien.**

ERKÄLTUNGEN WERDEN VON ÜBER

200

verschiedenen Viren verursacht. Das häufigste ist das

Rhinovirus.

DER ZOMBIE-PILZ

OPHIOCORDYCEPS UNILATERALIS

ernährt sich von seinem Wirt, der Rossameise, und zwingt sie, **25 cm** hoch auf eine Pflanze zu klettern, **WO ER GUT GEDEIHEN KANN**.

Die ältesten **MIKROBEN-FOSSILIEN** sind mehr als

3,5 Mrd.

JAHRE ALT.

Auf und in unserem

Körper

leben rund

39 Bio.

MIKROBEN wie Bakterien, Pilze und Viren.

Ein ***E.-Coli*-BAKTERIUM** vermehrt sich in nur **12 STUNDEN** auf bis zu

70 Mrd.

***E.-Coli*-BAKTERIEN** überlebten

5 JAHRE und **9 MONATE**

an Bord des NASA-Satelliten *Long Duration Exposure Facility* im **WELTALL**.

Der niederländische Forscher

Antoni van Leeuwenhoek

sah als Erster **ZELLEN VON URTIERCHEN (1674)** und **BAKTERIEN (1676)** unter dem Mikroskop.

WASSERFLOH-Populationen vermehren sich in **1 MONAT** um das

10-Fache.

Flöhe springen weiter als **200-mal** ihre **KÖRPERLÄNGE**.

Das **GRÖSSTE BAKTERIUM** der Welt, *Thiomargarita namibiensis*, ist etwa **0,75 mm** lang und

mit bloßem Auge sichtbar.

Fabelhafte PFLANZEN

Es gibt mindestens 350 000 Pflanzenarten, von grünen Farnen und mächtigen Bäumen bis zu duftenden Rosen und zarten Gänseblümchen. Pflanzen produzieren bei der Fotosynthese einen Teil des Sauerstoffs, den wir zum Atmen brauchen, und viele Tiere ernähren sich von ihnen.

Einige Bambusarten wachsen pro Tag um **91 cm**. Damit sind sie die am **SCHNELLSTEN WACHSENDEN PFLANZEN** der Welt.

Eine **AMBROSIA-PFLANZE** produziert bis zu **1 Mrd. Pollenkörner**.

Nur **15 PFLANZEN**, darunter Reis, Mais und Weizen, liefern **90 % der Energie**, die die Weltbevölkerung zu sich nimmt.

Eine **ERDBEERE** hat etwa **200 Samen**. Sie befinden sich meistens an der **AUSSENSEITE**.

Die Wüstenpflanze ***WELWITSCHIE*** hat **nur 2 Blätter**, die bis zu **4 m** lang werden. Sie helfen der Pflanze bei der **AUFNAHME VON FLÜSSIGKEIT** aus Nebel.

Die kreisrunden Blätter der **AMAZONAS-SEEROSE** werden bis zu **2,5 m** lang und tragen auf dem Wasser bis zu **45 kg** Gewicht.

Die **TITANENWURZ** hat den **LÄNGSTEN BLÜTENSTAND** der Welt: Er ist **3 m** hoch.

DIE ÄLTESTE BEKANNTE BLÜTENPFLANZE ist die Wasserpflanze *Montsechia vidalii.* Sie lebte vor rund **130 Mio. Jahren**.

Die **SEYCHELLEN-PALME** produziert die **GRÖSSTEN SAMEN** der Welt. Sie werden bis zu **25 kg** schwer und **50 cm** lang.

Eine **AGAVENART** braucht mehr als **25 JAHRE**, bis sie **BLÜHT**, und danach stirbt sie.

Die Blätter der **VENUSFLIEGENFALLE** klappen in **100 Millisekunden** zu, **wenn sie ein Insekt fängt**.

Die höchste Sonnen-blume wuchs in Deutschland: **9,17 m** (2014).

Mit **1 m** Durchmesser und **11 kg** Gewicht hat die Riesenrafflesie die **GRÖSSTE BLÜTE DER WELT**.

2012 zogen russische Forscher aus **32 000 JAHRE ALTEN** Samen, die im sibirischen Eis gefroren waren, eine Art **LEIMKRAUT**.

1942 **NEUE PFLANZEN-ARTEN** wurden **2019** wissenschaftlich benannt.

Mehr als **90 % ALLER PFLANZEN** sind **BLÜTENPFLANZEN**.

Damit sie leichter vom **WIND VERTEILT** werden, stecken die Samen der **JAVA-GURKE** in durchsichtigen, **12 cm** breiten **FLÜGELN**.

Spinnen, Käfer und

INSEKTEN

Es gibt unglaublich viele Insekten und andere Krabbeltiere wie Spinnen, Tausendfüßer, Wanzen und Zecken. Sie machen mehr als 90 Prozent aller bekannten Tierarten aus. Vor vielen Millionen Jahren waren Insekten die ersten flugfähigen Tiere. Heute findet man sie in fast allen Lebensräumen.

DARWINS RINDEN-SPINNE baut **25 m** breite **NETZE**, die oft Flüsse überspannen.

Blattschneiderameisen können das **50-FACHE** ihres **KÖRPERGEWICHTS HEBEN**.

STUBENFLIEGEN schmecken mit den **FÜSSEN**. Die sind **10 000-MAL EMPFINDLICHER** als unsere Zunge.

Das **FACETTEN-AUGE** einer **LIBELLE** kann bis zu **30 000** Linsen haben.

1 MILLIONSTEL GRAMM des Gifts einer **BANANENSPINNE** kann **41 MÄUSE** töten.

HONIG-BIENEN schlagen **250-MAL PRO SEK.** mit den Flügeln.

Zu den **LÄNGSTEN INSEKTEN** der Welt gehören **Gespenst-schrecken**. Sie werden bis zu **50 cm** lang.

WOLLBÄR-RAUPEN in der Arktis **GEFRIEREN** im Winter. Ihre Verwandlung in **SCHMETTERLINGE** kann bis zu **14 JAHRE** dauern.

Mit **0,15 mm** Länge ist die Zwergwespe ***KIKIKI HUNA*** das **KLEINSTE FLUGINSEKT** der Welt.

BIENEN

fliegen etwa

88 500 km,

um **1 GLAS HONIG** herzustellen. Das ist mehr als 2-mal um die Erde.

Die meisten Beine hat der

Tausendfüßer

EUMILLIPES PERSEPHONE: mit bis zu **1306 FÜSSCHEN**.

Die **RAUPE** des Nachtfalters ***ANTHERAEA POLYPHEMUS*** frisst

86 000-mal

ihr Eigengewicht in knapp **2 MONATEN**.

Die **LÄNGE** einer der **KLEINSTEN SPINNEN** der Welt, ***PATU DIGUA***, beträgt

0,37 mm.

Das ist etwa der Durchmesser eines **STECKNADELKOPFS**.

Der **Stierkopf-Dungkäfer** kann sein **1141**-faches Köpergewicht ziehen.

Die **DRACULA-AMEISE** schließt ihre **BEISSWERKZEUGE** rasend schnell: mit etwa

90 m

pro Sekunde.

Die **SPANNWEITE** des **GRÖSSTEN SCHMETTERLINGS**, des Königin-Alexandra-Vogelfalters, beträgt **30 cm**.

Einige **Zikaden** **SPRINGEN** bis zu **70 cm** hoch. Die Kraft, mit der sie beschleunigen, ist **400-MAL** größer als die Schwerkraft.

Einige Arten **PERIODISCHER ZIKADEN** wachsen **13** oder **17 Jahre** **UNTER DER ERDE** heran und kommen dann als erwachsene Tiere heraus.

Die Beinspannweite einer

RIESENVOGELSPINNE beträgt 28 cm.

Das ist etwa der Durchmesser eines **TELLERS**.

Fantastische

FISCHE

Mehr als 33000 Fischarten leben in den Meeren sowie den Seen und Flüssen auf der Erde. Einige von ihnen sind so klein wie ein Fingernagel, andere so groß wie ein Bus. Fische atmen unter Wasser mit Kiemen, und viele haben Schuppen und darüber eine dünne Schleimhaut, was ihre Beweglichkeit im Wasser verbessert.

SCHLANGENKOPFFISCHE können auch Luft atmen und **4 Tage OHNE WASSER** leben.

SEEPFERDCHEN-MÄNNCHEN tragen die Eier der Weibchen aus und bringen **50–1500 Junge** zur Welt.

Der **MAGEN VON ROTFEUERFISCHEN** kann sich auf das **30-FACHE** der Normalgröße **AUSDEHNEN**.

ANGLERFISCHE können ihre Beute in nur **0,006 Sekunden verschlingen**.

QUASTENFLOSSER galten als **AUSGESTORBEN**, und zwar schon **SEIT 65 Mio. JAHREN**, bis vor der Küste Südafrikas ein Exemplar gefangen wurde **(1938)**.

Der ***PSEUDOLIPARIS SWIREI*** lebt in Tiefen bis **8000 m**. Tiefer wurde noch kein Fisch entdeckt.

Der Fächerfisch schwimmt als **SCHNELLSTER MEERESFISCH** **110 km/h** schnell.

Ein **GESTREIFTER MARLIN** wird bis zu **4,2 m** lang.

Ein **ZITTERAAL** schockt mit **500 VOLT** seine Beute.

Schützenfische schießen einen **WASSERSTRAHL** mit einer Reichweite von **2 m** **AUS DEM MAUL** und treffen damit Insekten, die dann ins Wasser fallen.

SARDINENSCHWÄRME können bis zu **7 km** lang sein.

Im **GREAT BARRIER REEF** leben mindestens **1625** verschiedene **FISCHARTEN**.

Der **KLEINSTE FISCH DER WELT** ist *Paedocypris progenetica*. Er ist nur **7,9 mm** lang.

Fliegende Fische können sich mit bis zu **72 km/h AUS DEM WASSER ERHEBEN** und dann bis zu **400 m** weit **DURCH DIE LUFT GLEITEN**.

Eine **GRUNDEL-ART** klettert **100 m** hohe Wasserfälle hinauf. Dazu hat sie **SAUGNÄPFE AN BAUCH UND MUND.**

Ein Mondfisch kann **300 Millionen EIER AUF EINMAL LEGEN.**

GRANATBARSCHE können mehr als **140 JAHRE** alt werden.

KUGELFISCHE brauchen zum Aufpumpen **10 Sekunden**.

Rochen und HAIE

Anders als die meisten Fische haben Rochen und Haie Knorpelskelette. Haie haben oft scharfe Zähne, Rochen zeichnen sich durch einen flachen Körper und lange, giftige Schwanzstacheln aus. Es gibt mehr als 500 Hai- und 600 Rochenarten.

RIESENHAIE werden bis zu **11 m LANG** und wiegen bis zu **7 Tonnen**. Das ist etwa so groß und schwer wie ein **KLEINBUS**.

Ein **ATLANTISCHER BRAUNHAI** bekommt und verliert im Lauf seines Lebens bis zu **35 000 Zähne**.

Trotz ihres schlechten Rufs **GREIFEN HAIE SELTEN** Menschen an. Nur **57 Angriffe** und **10 TODESFÄLLE** wurden **2020** dokumentiert.

HAIE GIBT ES seit mindestens **400 Mio. JAHREN**. Sie sind viel älter als die **DINOSAURIER**.

Der **SCHNELLSTE HAI** ist der **MAKOHAI**, der Geschwindigkeiten von mehr als **56 km/h** erreicht.

Das **MAUL EINES WEISSEN HAIS** enthält **300** dreieckige **SÄGEZÄHNE**, die jeweils bis zu **7,5 cm** lang sein können.

Walhaie – **DIE GRÖSSTEN FISCHE DER WELT** – werden bis zu **19 m** lang.

Die **KLEINSTEN HAI-MÄNNCHEN** sind die des **ZWERG-LATERNENHAIS**. Sie sind **NUR 16 cm** lang.

TEUFELSROCHEN können **2 m** hoch aus dem Wasser springen und landen dann mit lauten **BAUCHPLATSCHERN**.

Viele der etwa **200 Stachelrochenarten BRECHEN** Muscheln und Weichtiere mit dem **KIEFER AUF**.

2016 schätzten Forscher das Alter eines **LEBENDEN GRÖNLANDHAIS** auf etwa **400 JAHRE**.

Der Weiße Hai erschnuppert Stoffe in **KONZENTRATIONEN VON 1:25 Mio.** So nimmt er schwächste Gerüche aus **mehr als 500 m** Entfernung wahr.

Als **1975 STEVEN SPIELBERGS FILM *DER WEISSE HAI*** ins Kino kam, stieg die Angst vor Haien sprunghaft an. Aber nur **6 % aller Haiarten** haben jemals **MENSCHEN ANGEGRIFFEN**.

Der etwa **15–18 m** lange **URZEITLICHE *OTODUS MEGALODON*** war der **größte fleischfressende Hai** mit **ÜBER 200 18 cm LANGEN ZÄHNEN** in seinem **2–3 m BREITEN MAUL**.

Ein **RIESENMANTA** wiegt bis zu **2400 kg**. Das ist **4-MAL MEHR** als ein Eisbär. Er wird bis zu **7 m BREIT**.

Schuppige

REPTILIEN

Von winzigen Geckos bis zu riesigen Krokodilen: Zu Land und zu Wasser leben mehr als 10 000 Reptilienarten. Sie sind wechselwarme Tiere und die meisten Arten legen Eier. Einige von ihnen gebären auch lebende Junge.

In dem langen, **SCHMALEN MAUL** des **GANGESGAVIALS** befinden sich mehr als **100** nadelspitze, ineinandergreifende **ZÄHNE**.

Das **älteste Landtier** der Welt ist eine **ALDABRA-RIESENSCHILDKRÖTE** namens Jonathan, die **2022** ihren **190. Geburtstag** feiert.

Das Gift der **SCHWARZEN MAMBA** tötet einen Menschen in nur **20 MINUTEN**.

Viele **BRÜCKEN-ECHSEN** werden älter als **100**.

Die **6,5 Mio.** winzigen Hafthärchen **(SETAE)** an den Füßen eines Geckos dienen zum **LAUFEN AN DECKEN UND WÄNDEN**.

Die Zunge des **STACHEL-ZWERGCHAMÄLEONS** schießt mit **2,5-facher** Körperlänge weit heraus.

Die **Geierschildkröte** **BEISST** mit einer Kraft von **450 kg** zu. Sie kann damit **MENSCHLICHE KNOCHEN** brechen.

Die **GRÖSSTE GROSSE ANAKONDA**, die je vermessen wurde, wog

227 kg

und maß

8,43 m.

Sie war die schwerste Schlange der Welt.

MEHR ALS 5 STUNDEN

kann eine **GRÜNE MEERESSCHILDKRÖTE DEN ATEM** anhalten und unter Wasser bleiben. Der **HERZSCHLAG VERLANGSAMT SICH** währenddessen auf etwa

1 Schlag in 9 Minuten.

Die **KLEINSTE ECHSE** der Welt ist nur **1,6 cm** lang und hätte damit auf **EINER MÜNZE** Platz.

Der **STIRNLAPPENBASILISK** läuft bis zu 5 m weit **AUF DEM WASSER** mit

11,3 km/h.

Er ist auch ein **GUTER SCWIMMER** und kann **10 MINUTEN** unter Wasser bleiben.

41 Jahre lang

lebte die **PINTA-RIESENSCHILDKRÖTE** Lonesome George als **LETZTE IHRER ART**.

Die Zähne der **GABUNVIPER** sind

5 cm

lang – so **LANG** wie bei keiner anderen Schlange.

Die in Südostasien beheimatete **GRÜNE BAMBUSOTTER** kann **95 cm** lang werden.

Die **GIFTMENGE** in einem **BISS** des Inlandtaipans könnte mehr als

250 000 Mäuse

töten.

Das Leisten-krokodil

ist das **SCHWERSTE REPTIL** der Welt. Es wiegt bis zu

1000 kg.

TOP 10 der längsten Schlangen

1

Netzpython • *Malayopython reticulatus*
10 m • Südostasien

Diese Riesenschlange lebt im Wald und in Feuchtgebieten. Sie kann über 140 kg schwer werden. Ihre Beutetiere sind Vögel, Wild und andere Säugetiere. Der Python lauert ihnen auf und erdrückt sie.

2

Große Anakonda • *Eunectes murinus*
8–9 m • Nördliches Südamerika

Im Gegensatz zu den meisten Schlangen legen Große Anakondas keine Eier, sondern gebären lebende Junge.

3

Neuguinea-Amethystpython • *Morelia amethistina*
8,5 m • Indonesien, Australien, Papua Neuguinea, Philippinen

Der Amethystpython ist sehr schlank und seine Schuppen schimmern im Sonnenlicht violett.

4

Nördlicher Felsenpython • *Python sebae*
7 m • Sub-Sahara-Afrika

Diese Schlange ist bekannt für ihre Angriffslust. Sie jagt auch große Säugetiere wie Antilopen und Warzenschweine.

5

Dunkler Tigerpython • *Python bivittatus*
5,74 m • Indien, Südostasien, China

Der Dunkle Tigerpython kann das Maul so weit öffnen, dass er Tiere verschlingen kann, die 5-mal so breit sind wie sein eigener Kopf.

6

Königskobra • *Ophiophagus hannah*
5,71 m • Indien, Südostasien, China

Das Gift eines Bisses der Königskobra könnte 20 Menschen töten. Sie ist die längste Giftschlange der Welt.

7

Heller Tigerpython • *Python molurus*
4–5 m • Südasien

Weibliche Helle Tigerpythons erwärmen ihr Gelege, das aus 100 Eiern bestehen kann, mithilfe von Muskelzittern.

8

Gelbe Anakonda • *Eunectes notaeus*
4,6 m • Südliches Südamerika

Weibliche Gelbe Anakondas werden oft doppelt so lang wie ihre männlichen Artgenossen.

9

Abgottschlange (Königsboa) • *Boa constrictor*
4,3 m • Südamerika, Mittelamerika

Die Abgottschlange jagt, wie viele andere Schlangen auch, indem sie ihren Körper um die Beute wickelt und sie erstickt.

10

Schwarze Mamba • *Dendroaspis polylepis*
4,3 m • Sub-Sahara-Afrika

Wenn die Schwarze Mamba bedroht wird, zischt sie und öffnet ihr tintenschwarzes Maul – daher kommt ihr Name.

Erstaunliche

AMPHIBIEN

Der Name „Amphibien“ leitet sich von dem griechischen Ausdruck für „auf beiden Seiten lebend“ ab, denn sie leben an Land und im Wasser. Es gibt mehr als 8300 Amphibienarten, darunter Frösche, Kröten, Molche, Salamander und Erdwühlen.

Grottenolme überleben auch **OHNE NAHRUNG** bis zu **10 JAHRE**.

DIE THOMPSON-RIESENWÜHLE, *Caecilia thompsoni*, wird **bis zu 152 cm** lang.

Ein **Schrecklicher Pfeilgiftfrosch** enthält genug Gift, um **10 MENSCHEN** oder **20 000 MÄUSE** zu töten.

1935 wurden **102 AGA-KRÖTEN** zur Schädlingsbekämpfung nach Australien eingeführt. Bis **2010** wuchs die **POPULATION** auf über **200 Mio.** Exemplare an.

Der Frosch ***NASIKABATRACHUS SAHYATRENSIS*** (Indien) bleibt **50 Wochen** pro Jahr tief unter der Erde und kommt in der Monsunzeit **2 Wochen** zum **BRÜTEN** hervor.

Das größte Amphibium, der **CHINESISCHE RIESENSALAMANDER**, ist etwa **1,8 m** lang und rund **60 kg** schwer.

Der **GOLIATHFROSCH** (Afrika) ist der

GRÖSSTE FROSCH

der Welt. Er wiegt bis zu

3,3 kg

und ist etwa

30 cm

groß.

Der **RAKETEN-LAUBFROSCH** (Australien) springt

50-mal

seine **KÖRPERLÄNGE** weit.

Weibliche **NÖRDLICHE KAMMMOLCHE** legen in einer Brutzeit bis zu

600 EIER ab.

Der **AXOLOTL** lebt in Mexiko. Er kann **BEINE UND SCHWANZ NACHWACHSEN LASSEN** – es dauert

2 MONATE.

DER AFRIKANISCHE OCHSENFROSCH verbringt jährlich

10 Monate

Trockenzeit unter der Erde.

ROTAUGENLAUBFRÖSCHE halten sich im Schlaf mit **6-eckigen** Haftscheiben fest.

Das **MAUL** des **SCHMUCKHORNFROSCHS** macht allein die

Hälfte des 15 cm

LANGEN KÖRPERS AUS.

DER KLEINSTE FROSCH DER WELT, *Paedophryne amanuensis*, ist nur

7,7 mm groß.

Der auf Bäumen lebende **WALLACE-FLUGFROSCH** hat Flughäute zwischen den Zehen. Damit kann er **15 m** weit **SEGELN**.

Mit **25 cm** ist die **KAULQUAPPE** des **GROSSEN HARLEKINFROSCHS**

4-MAL

größer als der **FROSCH SELBST**.

Der männliche **DARWIN-NASENFROSCH** brütet die Kaulquappen im Kehlsack aus:

50–70 TAGE.

VÖGEL

Es gibt rund 10 000 Vogelarten in allen Größen und Gestalten, vom Kolibri bis zum Strauß. Vögel sind heute die einzigen Tiere mit Federn und die meisten von ihnen können fliegen. Alle Vögel legen Eier mit harter Schale und haben Flügel, selbst wenn sie flugunfähig sind.

Der schnellste Vogel ist der **STACHEL-SCHWANZSEGLER**. Im horizontalen Schlagflug erreicht er **170 km/h**.

WEBERVÖGEL sind gesellig und bauen die **GRÖSSTEN NESTER** – für rund **400 VÖGEL**.

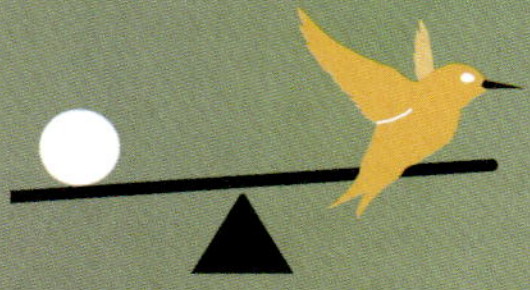

Die **BIENENELFE** ist leichter als ein Tischtennisball. Sie wiegt nicht mehr als **1,6 g**.

Die **SPANNWEITE** des **ANDEN-KONDORS**, des größten Greifvogels, beträgt **3 m**.

Der **STEINSCHMÄTZER** wiegt nur **17 g**, fliegt aber bis zu **15 000 km** pro Jahr: von Alaska nach Afrika und wieder zurück.

Im Sturzflug erreicht der **Wanderfalke** Geschwindigkeiten von mehr als **320 km/h**. Damit ist er das schnellste Tier der Welt.

Der **Schweif** eines Pfaus ist **1,8 m** lang, das ist mehr als **60 %** seiner **KÖRPERLÄNGE**.

KIEFERNHÄHER vergraben im Herbst oft mehr als **30 000** Samenkörner.

Strauße sind bis zu **2,75 m HOCH**. Allein der Hals macht fast die **HÄLFTE DER GRÖSSE** aus.

Damit er in seinem kalten Lebensraum nicht friert, hat der **PFEILSCHWAN**

25 000 Federn.

SCHNEE-EULEN fressen mehr als

1600 Lemminge pro Jahr.

Der **SCHREI MÄNNLICHER WEISSGLÖCKNER** ist mit ohrenbetäubenden **125 Dezibel** lauter als manches Rockkonzert.

KOLIBRIS schlagen bis zu **200-mal** pro Sekunde mit den Flügeln.

Bei einer **SPANNWEITE** von

3,5 m

kann der

WANDER-ALBATROS

an einem Tag mehr als

1000 km

weit fliegen.

700 Töne pro Minute

enthält der komplizierte Gesang des **ZAUNKÖNIGS.**

Die **DOPPEL-SCHNEPFE** ist mit

97 km/h schnellster Zugvogel.

Sie fliegt etwa

6800 km pro Jahr.

Der **SCHNABEL DES TUKAN** ist

19 cm

lang und im Verhältnis zur Körpergröße der **LÄNGSTE VOGEL-SCHNABEL.**

SPERBER-GEIER können in

11 280 m

Höhe fliegen –

600 m

HÖHER ALS EIN PASSAGIERFLUGZEUG.

Ein **KAISER-PINGUIN** kann mehr als

500 m

tief nach Nahrung tauchen.

Eindrucksvolle

KATZEN

Großkatzen kommen auf leisen Pfoten. Sie gehören zu den schönsten, aber auch tödlichsten Tieren und sind selbst stark bedroht. Sie jagen ihre Beute geschickt, schnell und mit explosiver Kraft. Es gibt sieben Großkatzenarten: Löwe, Tiger, Jaguar, Leopard, Schneeleopard, Gepard und Puma.

Ein **GEPARD** beschleunigt in **3 SEKUNDEN** von **0 auf 96 km/h**.

JE DUNKLER DIE MÄHNE, desto älter der Löwe. Wilde Löwen leben **13–15 JAHRE**.

Schneeleoparden leben in **HÖHEN** bis **5859 m** über dem Meeresspiegel – **HÖHER ALS ALLE ANDEREN** Großkatzen.

TIGER SEHEN NACHTS 6-mal besser als Menschen.

Löwengebrüll hört man noch in **5–8 km** Entfernung.

Der **JAGUAR** ist die **größte** Katze in **NORD- UND SÜDAMERIKA**. Er wird **1,7 m** lang und **120 kg** schwer.

Es gibt **9 UNTERARTEN DES TIGERS**. **3** davon (Bali-, Kaspischer und Java-Tiger) sind bereits **AUSGESTORBEN**.

Wie alle Großkatzen kommen **JAGUARJUNGE BLIND ZUR WELT**. Sie **SEHEN** erst nach **14 TAGEN**.

DIE STREIFGEBIETE FÜR WILDE TIGER sind in den letzten **150 Jahren** um **96 %** geschrumpft.

Eine Löwin läuft bis zu **81 km/h** schnell.

JAGUARE STREIFEN in einer Nacht bis zu **10 km** weit auf der Suche nach **BEUTE**.

MÄNNLICHE SIBIRISCHE TIGER sind die **GRÖSSTEN KATZEN**. Sie werden bis zu **3,3 m** lang und wiegen bis zu **306 kg**.

Es gibt nur noch **23 000 wilde Löwen**. Vor einem Jahrhundert lag die Zahl noch bei **200 000**.

MÄNNLICHE LÖWEN fressen bei einer Mahlzeit bis zu **40 kg FLEISCH** – mehr als **15 %** ihres Körpergewichts.

TIGER SCHLAFEN in der Regel **15,8 STUNDEN TÄGLICH**.

LEOPARDEN können **2- bis 3-mal** größere **TIERKÖRPER** auf einen Baum ziehen, um sie vor Aasfressern zu schützen.

Ein **GEPARD** läuft **100 m** in **5,95 Sekunden**. Das ist fast **DOPPELT** so schnell wie Usain Bolts **WELTREKORD VON 9,58 SEKUNDEN**.

PUMA-JUNGE kommen mit **schwarzen Flecken** auf die Welt, die im Alter von etwa **6 Monaten** verschwinden.

Majestätische

WALE

Wale sind Säugetiere, die im Wasser leben. Einige von ihnen gehören zu den größten Tieren der Erde. Es gibt sie in allen Meeren – in den warmen Tropen ebenso wie in den eisigen Polargebieten.

7 m ist die durchschnittliche Breite der Blauwal-**Fluke**.

Der **GRÖNLANDWAL** ist das Tier mit dem **GRÖSSTEN MAUL**. Es ist rund **2,4 m** breit und **4,9 m** lang – so lang wie **3 ERWACHSENE MENSCHEN**.

Die **KÄLBER** von Buckelwalen trinken pro Tag etwa **600 Liter MILCH**.

Ein **BUCKELWAL** wiegt bis zu **36 Tonnen**.

Es gibt **BARTENWALE** und **ZAHNWALE**.

POTTWALE können **3 km** tief tauchen, wenn sie Beute jagen.

BLAUWALE können mehr als **30 m** lang werden.

Das **HERZ** eines **BLAUWALS** wird bis zu **200 kg** schwer. Es ist das **GRÖSSTE HERZ** im gesamten Tierreich.

BLAUWALE haben **BARTEN IM MAUL**. Damit filtern sie täglich

3630 kg KRILL

aus dem Wasser.

Es gibt etwa **90** bekannte **ARTEN VON WALEN, DELFINEN** und **SCHWEINSWALEN**.

CUVIER-SCHNABELWALE können **DEN ATEM** bis zu

3 Stunden, 42 Minuten

anhalten und sehr tief tauchen.

BLAUWAL-KÄLBER wiegen

2700 kg

und sind etwa **8 m** lang.

Pottwale **SCHLAFEN AUFRECHT** in **10 m** Tiefe.

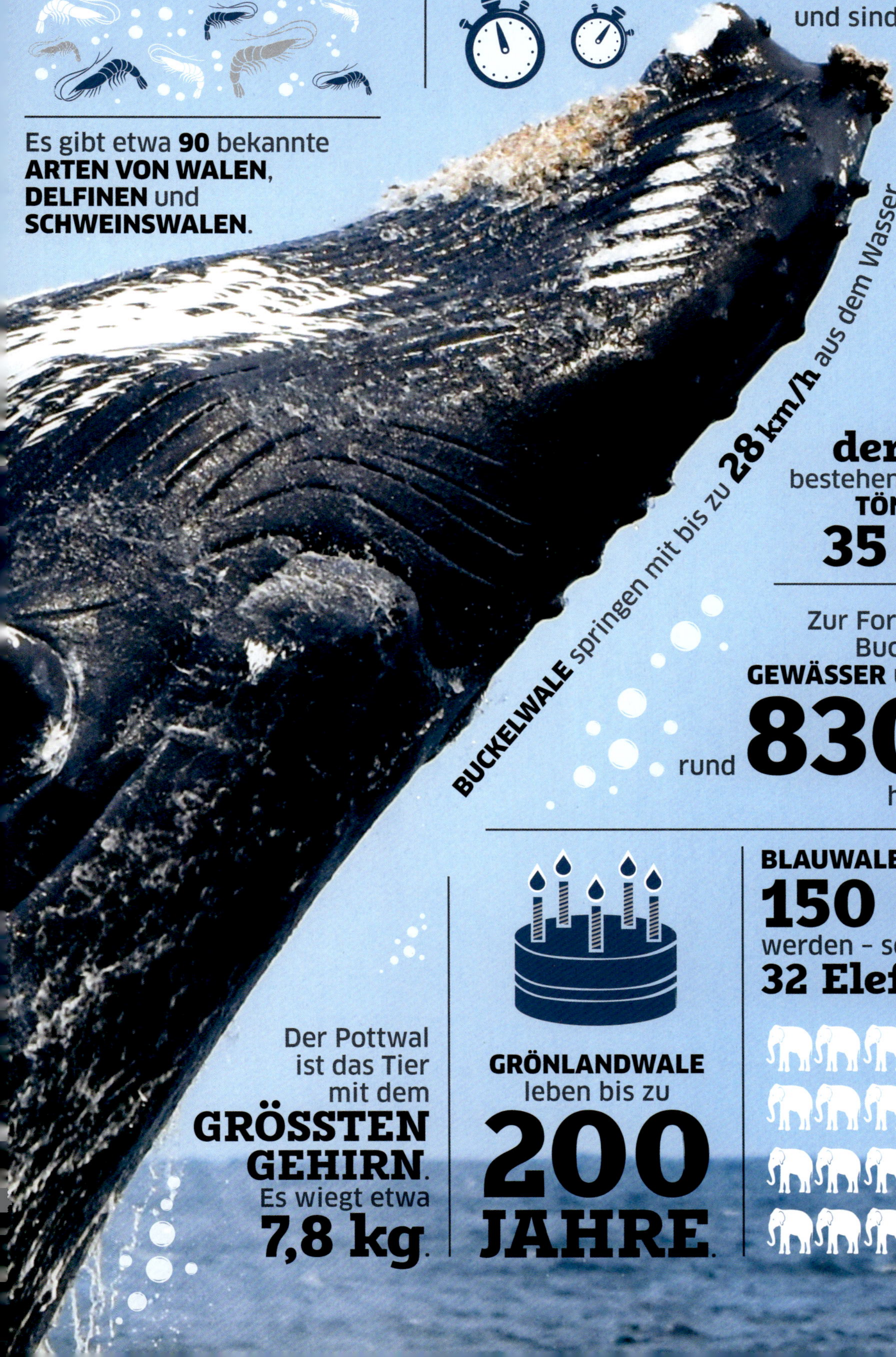

BUCKELWALE springen mit bis zu **28 km/h** aus dem Wasser.

Die **Gesänge der Buckelwale** bestehen aus **VERSCHIEDENEN TÖNEN** und dauern bis zu

35 Minuten.

Zur Fortpflanzung **WANDERN** Buckelwale **IN WÄRMERE GEWÄSSER** und schwimmen dabei rund

8300 km

hin und wieder zurück.

Der Pottwal ist das Tier mit dem **GRÖSSTEN GEHIRN**. Es wiegt etwa **7,8 kg**.

GRÖNLANDWALE leben bis zu

200 JAHRE.

BLAUWALE können schwerer als

150 Tonnen

werden – so schwer wie **32 Elefanten**.

BÄREN

Die beeindruckenden Säugetiere sind überraschend flink, können gut klettern und in einigen Fällen sogar hervorragend schwimmen. Bären gibt es auf allen Kontinenten, außer in Afrika, Australien und der Antarktis.

Es gibt
8
BÄRENARTEN.
Die 9. Art, der Atlasbär als **EINZIGE AFRIKANISCHE ART**, ist ausgestorben:
ENDE DES 19. JH.

In der **LAICHZEIT DER LACHSE** kann ein **GRIZZLYBÄR** pro Tag **mehr als 30 Lachse** fangen.

Nicht einmal 2 % der Jagdzüge von **EISBÄREN** sind erfolgreich.

2011 wurde berichtet, dass in der Beaufortsee ein **EISBÄR** in einem Zeitraum von **232 STUNDEN** ohne Pause **687 km** schwamm.

GROSSE PANDAS müssen **TÄGLICH 10–16 STUNDEN** fressen, damit sie die nötigen Nährstoffe erhalten. Sie verzehren täglich etwa **38 % IHRES KÖRPERGEWICHTS AN BAMBUS.**

Grizzlybären im Westen der USA **VERSPEISEN** bis zu **40 000 NACHTFALTER** *(Euxoa auxiliaris)* pro Tag.

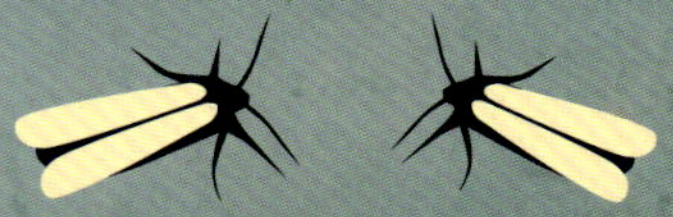

Die **EINZIGE BÄRENART** in **SÜDAMERIKA** ist der **BRILLENBÄR.**
Er ernährt sich hauptsächlich von **FRÜCHTEN, PFLANZEN UND KNOLLEN.**
Nur 5 % seiner **NAHRUNG** sind **FLEISCH.**

GROSSE PANDAS wiegen bei der **GEBURT** im Durchschnitt

100 g.

Das ist

900-mal

weniger als ihre Mutter.

Der **HERZSCHLAG** von **SCHWARZBÄREN** verringert sich im **WINTERSCHLAF** von **40–50** auf

8 SCHLÄGE PRO MINUTE.

Männliche GRIZZLYBÄREN wiegen bis zu

360 kg.

SCHWARZBÄREN ERREICHEN auf kurzen Strecken

40–50 km/h.

MENSCHEN können ihnen **NICHT ENTKOMMEN.**

Die **Zunge** eines **MALAIENBÄRS** ist **20–25cm** lang. Er holt damit **HONIG** aus **BIENENSTÖCKEN.**

Es gibt noch etwa **26 000** Eisbären **IN FREIER WILDBAHN.**

Aus einer Entfernung von **MEHR ALS 1000 m** können **EISBÄREN** eine Robbe **RIECHEN,** selbst wenn sie **UNTER EINER 1 m dicken**

EISDECKE

versteckt ist.

SCHWARZBÄREN

nehmen im Sommer und Frühherbst vor dem Winterschlaf

13,6 kg

PRO WOCHE ZU.

LIPPENBÄREN leben in Sri Lanka und Indien. Sie sind bis zu **2 m** lang und tragen ihre Jungen auf dem Rücken, bis diese

6–9 MONATE ALT SIND.

PRIMATEN

Unter den Primaten gibt es mehr als 400 Arten: von winzigen Zwerglemuren und großäugigen Koboldmakis bis zu den klugen Schimpansen und riesigen Gorillas. Es gibt große Unterschiede zwischen den Arten, aber die meisten Primaten haben ein hochentwickeltes Gehirn und geschickte Hände. Alle sind Säugetiere.

Es gibt **5 ARTEN MENSCHEN-AFFEN**: Gorillas, Schimpansen, Orang-Utans, Bonobos **und uns**!

Der **AUGAPFEL** des **KOBOLDMAKI** ist **16 mm** breit: **SO GROSS** wie sein **GEHIRN**.

PLUMPLORIS haben **2 ZUNGEN**. Eine dient nur zur **Reinigung der VORDER-ZÄHNE**.

TOTENKOPFAFFEN haben etwa **26 verschiedene Rufe**, mit denen sie sich in ihrer Gruppe **VERSTÄNDIGEN**.

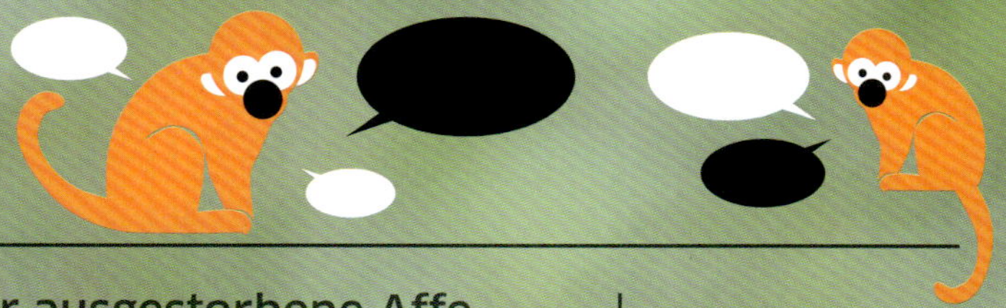

Das **FINGERTIER** hat **6 FINGER** an jeder Hand, darunter einen **PSEUDO-DAUMEN** zum Greifen und einen sehr **langen FINGER**, mit dem es bis zu **11-mal** pro Sekunde an Baumstämme klopft, um Insekten zu finden.

Der ausgestorbene Affe ***GIGANTOPITHECUS BLACKI*** lebte in Asien vor **300 000–2 000 000 JAHREN**. Er war **3 m GROSS** und **WOG** wahrscheinlich bis zu **500 kg**.

Orang-Utans dürfen von allen Tieren am **LÄNGSTEN Kind sein**. Die Jungen werden **6 JAHRE** von der Mutter gesäugt.

Der **HUSARENAFFE** kann bis zu **55 km/h** schnell rennen. Er ist der **SCHNELLSTE AFFE** der Welt.

Kattas haben einen Schwanz mit **13 SCHWARZ-WEISSEN RINGEN**. Die Männchen reiben ihn mit einem **DRÜSENSEKRET** ein und schwenken ihn vor ihren Rivalen im **STINK-KAMPF**.

Die **ÄLTESTE SCHIMPANSIN**, Little Mama, war etwa **82 Jahre alt**, als sie 2017 starb.

Mit einem Gewicht von **25–38 g** ist der **ZWERGMAUS-MAKI** der **KLEINSTE PRIMAT** der Welt.

MANDRILL-MÄNNCHEN haben bis zu **6,5 cm lange ZÄHNE**.

Neugeborene **GORILLABABYS** sind **1,4–1,8 kg** schwer – etwa **halb so schwer** wie ein **Menschenbaby**.

Die **Nase** des **NASENAFFEN** kann **17,5 cm** lang werden.

ORANG-UTANS verbringen **80–90 %** ihrer Zeit **AUF BÄUMEN**.

Forscher brachten dem **WESTLICHEN FLACHLAND-GORILLA KOKO** mehr als **1000 Wörter** in **ZEICHENSPRACHE** bei.

Hainan-Schopfgibbons sind die **SELTENSTEN PRIMATEN**. Man schätzt, dass es nur noch etwa **30** wilde Tiere gibt.

TOP 10 der schwersten Landtiere

1

Afrikanischer Elefant • *Loxodonta africana*
4000–7000 kg
Zentrales und südliches Afrika

Afrikanische Elefanten sind die schwersten Landtiere. Sie fressen 18 Stunden pro Tag, um ihren großen Körper zu versorgen. Die Art ist gefährdet: Es gibt weniger als 315 000 in freier Wildbahn.

2 **Afrikanischer Waldelefant** • *Loxodonta cyclotis*
2700–6000 kg • West- und Zentralafrika

Durch illegale Wilderei und geringe Fortpflanzungsraten ist der Afrikanische Waldelefant mittlerweile eine stark bedrohte Tierart.

3 **Asiatischer Elefant** • *Elephas maximus*
3000–5000 kg • Süd- und Südostasien

Der Asiatische Elefant hat kleinere Ohren als seine afrikanischen Verwandten und durchstreift kühlere Dschungel.

4 **Breitmaulnashorn** • *Ceratotherium simum*
1800–2500 kg • Zentrales und südliches Afrika

Es gibt zwei Unterarten des Breitmaulnashorns, die beide durch Wilderei sehr stark gefährdet sind. Derzeit leben nur noch zwei Exemplare des Nördlichen Breitmaulnashorns.

5 **Walross** • *Odobenus rosmarus* • **1200–2000 kg**
Arktische Regionen von Nordamerika, Europa und Asien

Der Blubber, eine isolierende Fettschicht, bildet einen Großteil des Gewichts des Walrosses. Er hält das Tier im Nordpolarmeer warm.

6 **Java-Nashorn** • *Rhinoceros sondaicus*
900–2300 kg • Südostasien

Das seltene Java-Nashorn hat graubraune Haut und ein spitzes Horn, das bis zu 25 cm lang wird.

7 **Flusspferd** • *Hippopotamus amphibius*
1400–1500 kg • Zentrales und südliches Afrika

Dieser angriffslustige Pflanzenfresser hat das größte Maul aller Landtiere. Es kommt vor, dass Flusspferde Menschen attackieren.

8 **Giraffe** • *Giraffa camelopardalis*
600–1900 kg • Zentrales und südliches Afrika

Mit ihrem langen Hals und den langen Beinen erreicht die Giraffe eine Höhe von bis zu 5,5 m, sodass sie an ihre Lieblingsspeise, die Blätter der hohen Akazien, herankommt.

9 **Spitzmaulnashorn** • *Diceros bicornis*
900–1350 kg • Zentrales und südliches Afrika

Auch das Spitzmaulnashorn ist akut vom Aussterben bedroht. Es ernährt sich nachts von Blättern und verschläft die Hitze des Tages.

10 **Wasserbüffel** • *Bubalus arnee*
800–1200 kg • Süd- und Südostasien

Der Wasserbüffel lebt in Herden und badet gern in Schlamm oder Wasser. So hält er sich kühl und vertreibt Fliegen und Ungeziefer.

Über die Hälfte

aller Knochen befinden sich in den **HÄNDEN UND FÜSSEN:**

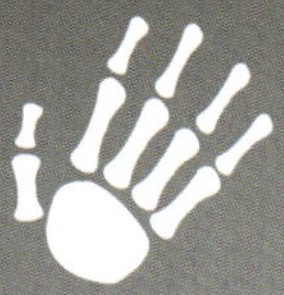

27 in jeder **HAND** und

26 in jedem **FUSS**.

Würde man die

Blutgefäße

aneinanderlegen, wären sie rund **100 000 km** lang. Das ist etwa **2,5-MAL SO VIEL WIE DER ERDUMFANG**.

Die **Kaumuskeln** sind die **STÄRKSTE MUSKULATUR IM KÖRPER**. Sie entwickeln beim Bewegen des Unterkiefers eine **BEISSKRAFT** von bis zu

91 kg.

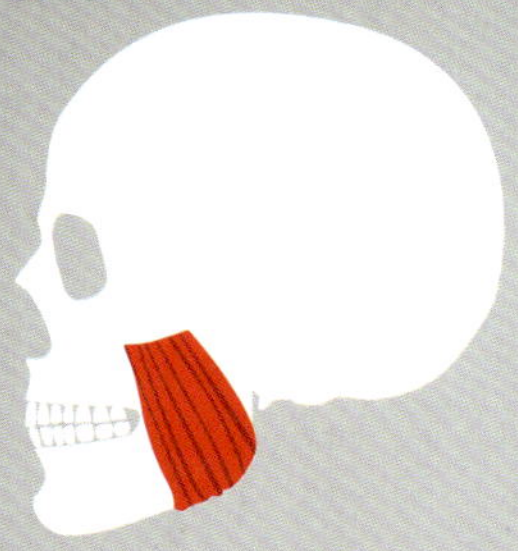

Jeden Tag produziert der Magen bis zu **1,5 LITER**

MAGENSAFT,

der unter anderem **SALZSÄURE** enthält.

Die Wirbelsäule **STAUCHT SICH** tagsüber und **STRECKT SICH** nachts im Liegen, sodass wir morgens **1 cm GRÖSSER** sind als abends.

ZWEI LUNGENFLÜGEL enthalten mehr als **300 Mio. LUFTBLÄSCHEN**, die Alveolen.

Im Körper gibt es **360 Gelenke**, damit wir uns bewegen und **biegen** können.

Die **WIRBELSÄULE** ist ein hoher Stapel aus **33 GERUNDETEN KNOCHEN**, den Wirbeln.

Wunderwerk KÖRPER

Der menschliche Körper besteht aus mehreren Billionen Zellen, aus denen die Organe, Knochen und Gewebe aufgebaut sind. Sie arbeiten in Netzwerken zusammen und erfüllen lebenswichtige Funktionen – von der Verdauung bis zum Transport des Blutes in alle Körperteile.

Der Körper produziert pro Tag etwa **1,5 Liter URIN**. Das sind **6 Tassen**.

Die **NIEREN** filtern rund **200 LITER BLUT** in **24 Stunden**.

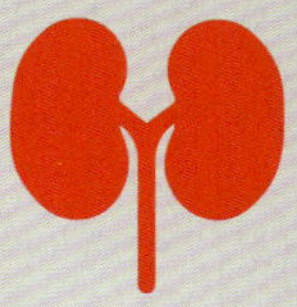

In ausgestreckter Form wäre die **DNA** aus einer **MENSCHLICHEN ZELLE** **1,8 m** lang.

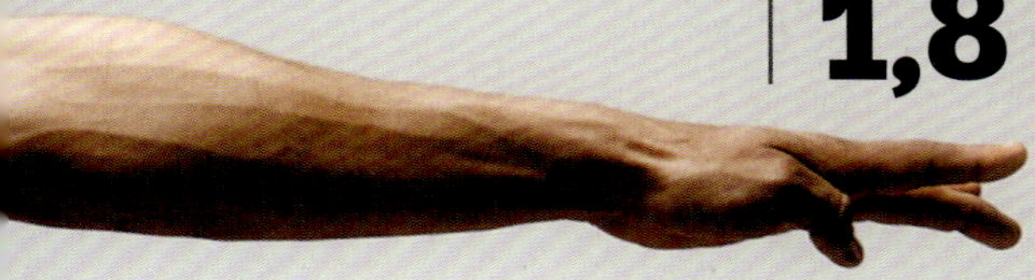

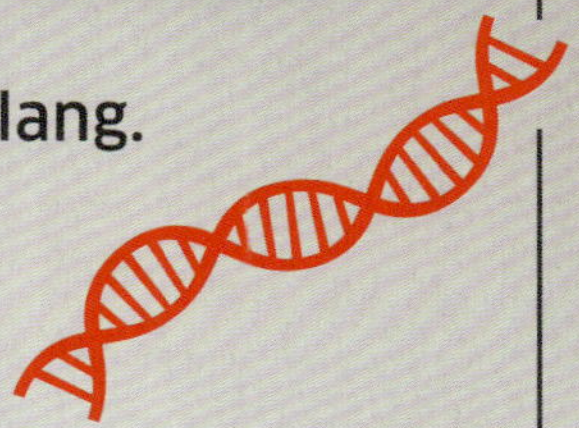

Bei der Geburt hat ein Mensch knapp **300 KNOCHEN**, aber beim Wachsen **VERSCHMELZEN** einige davon, so haben Erwachsene meist **206 KNOCHEN**.

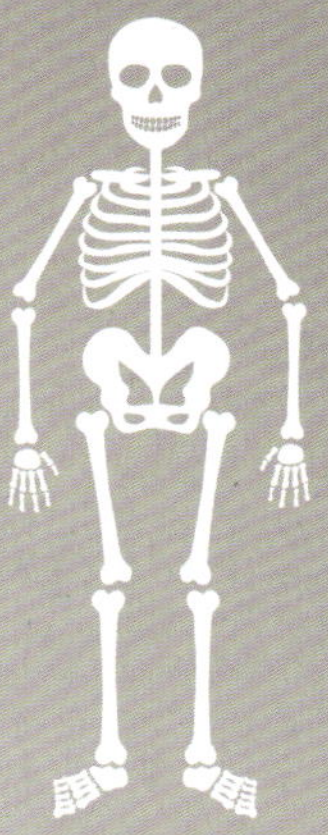

Der **DÜNNDARM** ist **7 m** lang und damit der längste Teil des **VERDAUUNGSSYSTEMS**.

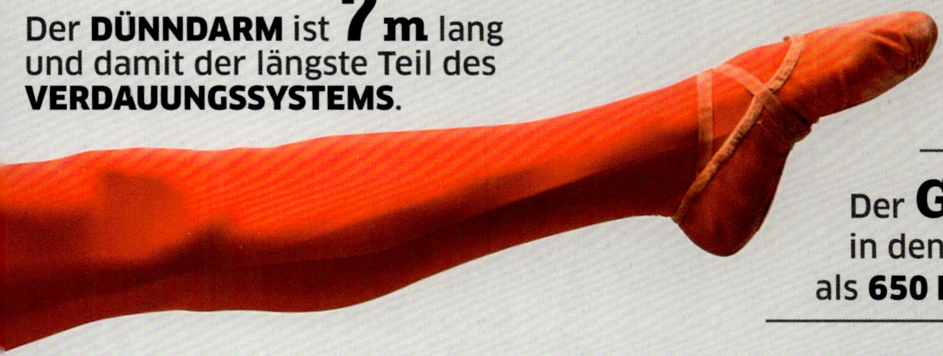

Der **GLUTEUS MAXIMUS** in den Pobacken ist der größte von mehr als **650 MUSKELN** im menschlichen Körper.

In der durchschnittlichen Lebenszeit schlägt das **HERZ** mehr als **3 Mrd. Mal**.

Ein einziger **BLUTSTROPFEN** enthält **25 000 WEISSE BLUTKÖRPERCHEN**.

2–3 Mio. ROTE BLUTKÖRPERCHEN werden **PRO SEKUNDE** im Knochenmark hergestellt.

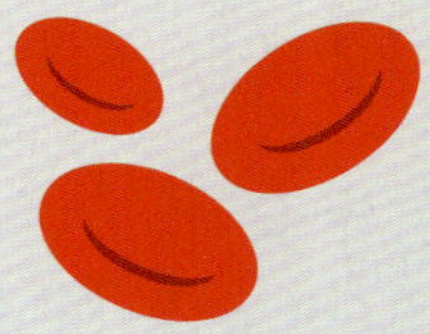

SPEICHELDRÜSEN produzieren etwa **0,5–1,5 LITER** Speichel **PRO TAG**.

Die Leber hat **ÜBER 500 FUNKTIONEN**, darunter das **FILTERN** des **BLUTES** und Unterstützung der **VERDAUUNG**.

In Ruhe atmen wir rund **20-mal pro Minute**, das ergibt bis zu **28 800 Atemzüge am Tag**.

Unsere Nase **ERKENNT** mehr als
20 000
verschiedene Gerüche.

Die **NETZHAUT** im Auge hat rund
130 Mio.
LICHTEMPFINDLICHE ZELLEN, mit denen wir Farben sehen.

Ein Mensch **BLINZELT** rund
415 Mio.
Mal in seinem Leben.

Unsere **GESCHMACKSKNOSPEN** erneuern sich etwa alle
2 WOCHEN.

Eine Kinderzunge hat **10 000** Geschmacksknospen, die eines Erwachsenen nur noch **6000**.

FINGERNÄGEL wachsen durchschnittlich

3,47 mm

PRO MONAT, aber **ZEHENNÄGEL** nur

1,62 mm.

Die **HAUT** ist das **GRÖSSTE ORGAN** des Körpers. Sie macht

16 %

der Körpermasse aus.

Super SINNE

Die fünf wichtigsten Sinneswahrnehmungen sind Schmecken, Riechen, Hören, Sehen und Fühlen. Sinnesorgane wie Augen, Ohren und Nase nehmen Signale aus der Umgebung wahr und senden sie ans Gehirn. Das Gehirn weist dann den Körper an, wie er reagieren soll.

1 Liter

SCHLEIM WIRD TÄGLICH von den Zellen im oberen Bereich der **NASE** produziert.

Ungefähr

15 000

HAARZELLEN im Ohr verarbeiten **SCHALLWELLEN**.

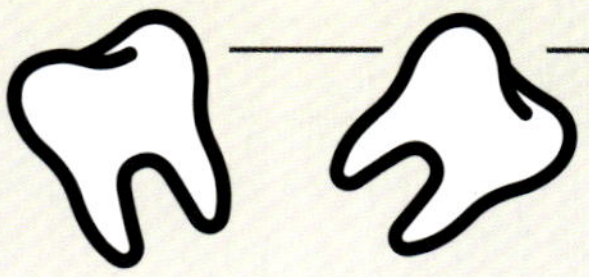

Die **HÄRTESTE** Substanz im Körper ist der **ZAHNSCHMELZ**. Zu etwa **96 %** besteht er aus dem Mineral **HYDROXYAPATIT**.

DIE ZUNGE besteht aus

8 MUSKELN,

die zum Sprechen und Bewegen der Nahrung beim Essen dienen.

Die **ZUNGE** hat rund

200

PILZFÖRMIGE PAPILLEN (winzige Erhebungen). In ihnen liegen je **15 GESCHMACKSKNOSPEN**.

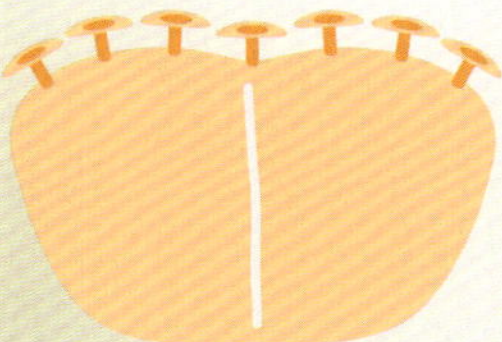

Menschen **VERLIEREN DIE ÄUSSERSTE HAUTSCHICHT** alle

2–4 Wochen.

In der durchschnittlichen Lebenszeit ergeben sich so bis zu

35 kg

TOTE HAUTZELLEN.

Auf **EINEM KOPF** wachsen mehr als

100 000

HAARE. Etwa

50–100

fallen täglich aus.

Das **TROMMELFELL** ist eine **DÜNNE HAUT** im Ohr. Ihr Durchmesser ist

9 mm

und sie **VIBRIERT** mit den Schallwellen.

Auf etwa

6,5 cm²

HAUT liegen **650 SCHWEISSDRÜSEN**, **20 BLUTGEFÄSSE** und **1000 NERVENENDEN**.

Der **kleinste Knochen** ist der **STEIGBÜGEL** im Innenohr. Seine Länge beträgt etwa

3 mm.

Das menschliche
GEHIRN

Das Gehirn wird von den Schädelknochen geschützt. Es ist über ein riesiges Nervennetzwerk mit dem Körper verbunden und steuert nicht nur Körperfunktionen und Bewegungen, sondern auch Gedanken, Entscheidungen und Erinnerungen.

Das **GEHIRN SCHWIMMT** in

150 ml

RÜCKENMARKSFLÜSSIGKEIT, die **STÖSSE ABFEDERT**.

EIN NEURON (Nervenzelle) hat bis zu

10 000

VERBINDUNGEN zu anderen Neuronen.

1 MENSCHENHIRN ist **4-mal SCHWERER** als das Hirn unseres engsten Verwandten, des **SCHIMPANSEN**.

Mit etwa 1,3–1,4 kg

macht das Gehirn etwa **2 % DES KÖRPERGEWICHTS** aus.

Das Gehirn besteht aus **3 Teilen**: das **GROSSHIRN** lenkt Handeln, Sprache und Gefühle, das **KLEINHIRN** koordiniert Bewegungen und Gleichgewicht und das **STAMMHIRN** steuert die Reflexe.

DAS MENSCHLICHE GEHIRN enthält rund

200 Mrd.

ZELLEN. Die Hälfte davon sind **NEURONEN**, die **ELEKTRISCHE SIGNALE** an andere Körperteile senden.

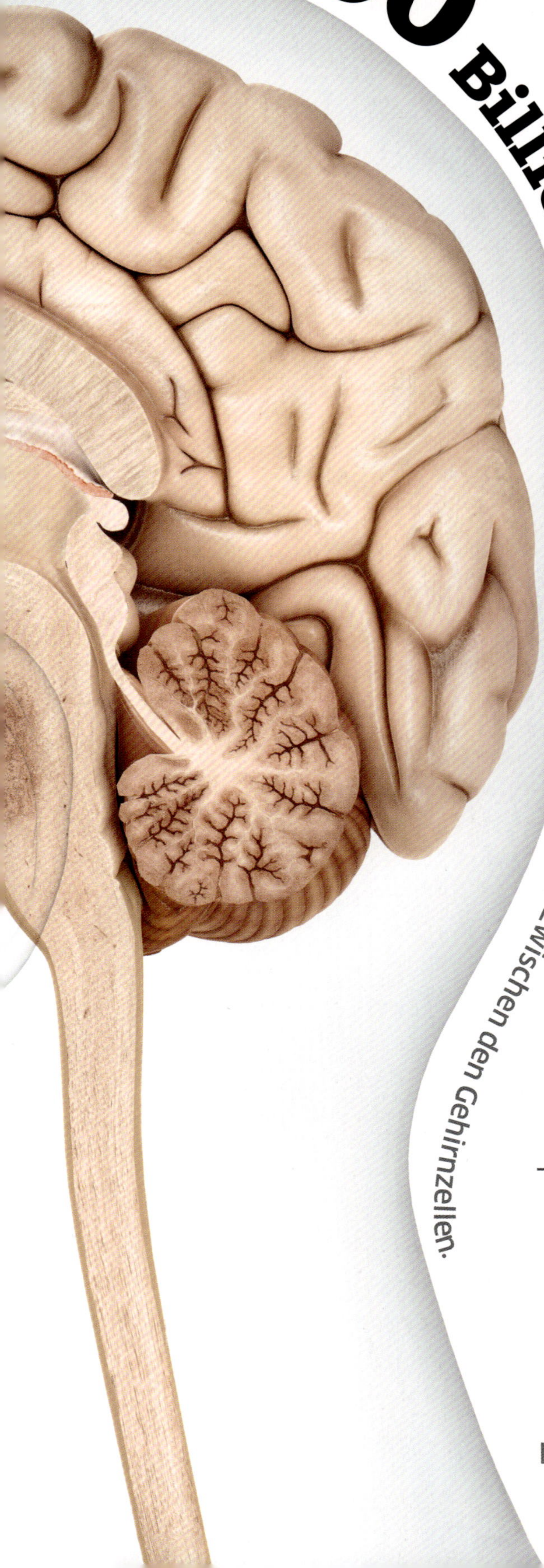

Es gibt mehr als **100 Billionen Synapsen** (Verbindungen) zwischen den Gehirnzellen.

1929

erfand Hans Berger das EEG (Elektroenzephalografie). Die Methode misst mit einer Maschine die **ELEKTRISCHE AKTIVITÄT** im Gehirn.

Das Bündel **schnell leitender Nerven**, die das Rückenmark bilden, wiegt etwa **35 g**, **SO VIEL WIE 3 MICRO-BATTERIEN**.

BLUT, das Sauerstoff und Energie transportiert, fließt mit etwa **0,75 LITER PRO MINUTE** durch die **ADERN IM GEHIRN**.

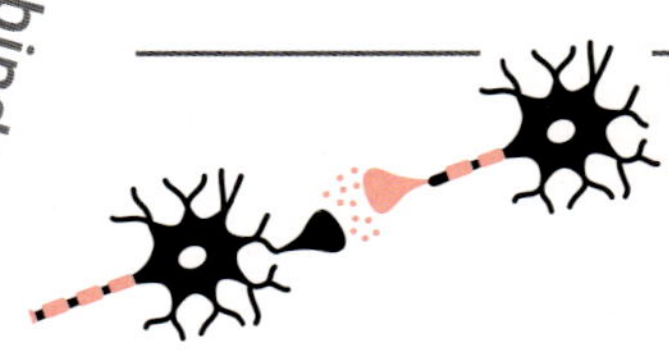

Die Breite der **SYNAPSEN** – der Verbindungen zwischen zwei Neuronen – beträgt etwa **20–40 NANOMETER** (Milliardstel Meter).

Rund **20 %** des **SAUERSTOFFS** werden vom Gehirn verbraucht.

Das Gehirn selbst fühlt **KEINEN SCHMERZ**, denn es hat **0 SCHMERZREZEPTOREN**.

Im **ALTER VON 3 JAHREN** hat das **KINDERGEHIRN** **80 %** der **ENDGRÖSSE** erreicht.

Die **2 GEHIRNHÄLFTEN** sind durch einen Balken aus **200–250 Mio.** Nervenfasern verbunden: das **CORPUS CALLOSUM**.

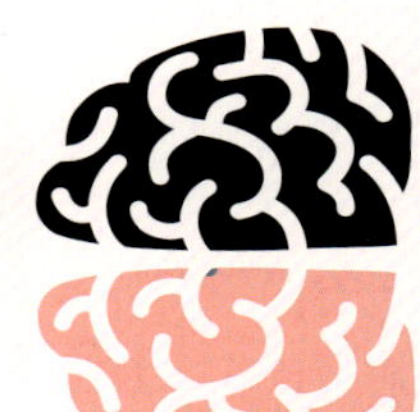

Stinkende

AUSSCHEIDUNGEN

Die meisten Lebewesen, auch wir Menschen, erzeugen große Mengen Abfallprodukte wie Exkremente, Schleim und Urin. Diese Stoffe sind zwar sehr unschön, aber sie erfüllen wichtige Zwecke: Mit ihnen befreien wir uns von schädlichen Bakterien und halten den Körper gesund.

Ein riesiger Haufen **KOT VON VÖGELN UND FLEDERMÄUSEN** (genannt **GUANO**), der im 19. Jh. in Peru abgebaut wurde, war mehr als **60 m** hoch – höher als der **SCHIEFE TURM VON PISA** in Italien.

Eine **MILCHKUH** kann **TÄGLICH** **98–190 Liter** **SPEICHEL** produzieren.

Ein **WOMBAT** kann in nur einer Nacht bis zu **100 KOTWÜRFEL** produzieren. Einige der etwa **2 cm** breiten Würfel benutzen sie zum **MARKIEREN IHRES REVIERS**.

APHELORIA-TAUSENDFÜSSER geben ein **GIFTIGES** Blausäuresekret ab, das tödlich wäre für: **18 TAUBEN** oder **6 MÄUSE**.

PAPAGEIENFISCHE kauen Korallen und harte Mineralien und **SCHEIDEN** pro Jahr etwa **450 kg** **SAND** aus.

Ein Mensch furzt im Leben **20 000 Liter Gas** aus – genug für rund **2000 BALLONS**.

PUPSE, **RÜLPSER** und **KOT** von Kühen, Schweinen, Schafen und anderen Nutztieren sind für **14,5 %** **DER GLOBALEN TREIBHAUSGAS-EMISSIONEN** verantwortlich.

Ein **GROSSER PANDA** kotet etwa **40-mal** pro Tag.

Eine Portion **MENSCHENKOT** enthält **250 MIKRO-PLASTIKTEILCHEN**.

Zum Schutz gegen Angriffe kann ein **PAZIFISCHER SCHLEIMAAL** etwa **24 Liter** **SCHLEIM** erzeugen.

Ein **STINKTIER** braucht bis zu **10 Tage**, um den Vorrat nach einer **STINKSPRITZE** wieder aufzufüllen.

Menschliche Extremente sind zu **RUND**

75 %

aus **WASSER**.

Im Durchschnitt hat eine Portion **EXKREMENT**

210 Kalorien.

Genug Energie zum Laden von

24 Handys.

Giraffen holen **SCHLEIM** mit ihrer **KLEBRIGEN**, **50 cm** **LANGEN ZUNGE** aus der Nase.

Die **APOLLO-ASTRONAUTEN** ließen **96 TÜTEN MIT EXKREMENTEN** auf dem **MOND** zurück.

EINE KUH produziert etwa **300 Liter** **METHAN** pro Tag.

Es gibt etwa **3000** **ABFALLSTOFFE** im **URIN** des Menschen.

Ein **ELEFANT** kotet etwa **12–15** **MAL PRO TAG**. Er erzeugt etwa **100 kg** **ELEFANTENDUNG**.

Die **RAUPE** des Dickkopffalters **SCHIESST IHREN KOT** etwa **1,5 m** weit – das ist etwa **38-mal ihre Länge**.

MENSCH UND KULTUR

Menschen in aller

WELT

Die Weltbevölkerung hat in den letzten hundert Jahren zahlreiche Veränderungen erlebt – von der Entwicklung der Geburtenrate bis zu Wanderungsbewegungen. Heute leben mehr Menschen als je zuvor in Städten und der Unterschied zwischen reichen und armen Menschen wird größer.

VOR 250 JAHREN betrug die mittlere Lebenserwartung **28,7 JAHRE**. Bis zum Jahr 2019 stieg die Zahl auf **72,6 JAHRE**.

140 Mio. Babys kamen **2020** zur Welt.

2017 lag die **GLOBALE GEBURTENRATE** durchschnittlich bei **2,4 Babys pro Frau**. **1950** lag sie bei **4,7**.

48 % der **MIGRANTEN WELTWEIT** im Jahr 2019 waren **FRAUEN**.

2020 lebten **56,2 %** aller Menschen **IN STÄDTEN**. Die Zahl wird bis 2050 wohl auf **68 % STEIGEN**.

Mehr als **55 Mio. MENSCHEN** besuchten **2019** Hongkong.

9,2 % der Menschen leben **UNTER** der **ABSOLUTEN ARMUTSGRENZE**. Sie haben **WENIGER ALS 1,70 EURO PRO TAG.**

2018 **HATTEN DIE 26 REICHSTEN PERSONEN** der Welt so viel Besitz wie die **ÄRMSTEN 3 800 000 000 PERSONEN.**

Mehr als **800 Mio. MENSCHEN** auf der Welt **HABEN NICHT GENUG NAHRUNG**, um den **GRUNDBEDARF** zu decken.

2050 wird die **WELTBEVÖLKERUNG** wahrscheinlich **9,7 Mrd.** erreichen.

79,5 Mio. Menschen sind **FLÜCHTLINGE**, die durch **KRIEG, NATURKATASTROPHEN UND VERFOLGUNG** aus ihrer ursprünglichen Heimat vertrieben wurden.

Mehr als **272 Mio.** Personen – etwa **3,5 %** der Weltbevölkerung – leben **NICHT IN IHREM GEBURTSLAND.**

INDIGENE VÖLKER machen nur **5 %** der Weltbevölkerung aus, aber **15 % DER MENSCHEN, DIE IN ARMUT LEBEN.**

141 Mio. INTERNATIONALE MIGRANTEN leben in **EUROPA** oder **NORDAMERIKA** (2019).

2018 waren **52 %** aller Flüchtlinge weltweit Personen **UNTER 18 JAHREN.**

Es gibt mehr Menschen **über 65 Jahren** als **unter 5 Jahren** (2018).

Heute **reisen** mehr Menschen als je zuvor. 2019 fanden **4,397 Mrd. FLUGREISEN** statt. Das sind mehr als **10-mal so viele** wie 1975.

Es war **10 JAHRE** lang die **MEISTBESUCHTE STADT** (2010–2019).

Von Kontinent zu

KONTINENT

Auf der Erde gibt es sieben Kontinente: Afrika, Asien, Europa, Australien und Ozeanien, Nordamerika, Südamerika sowie Antarktika (die Antarktis). Jeder von ihnen ist in Länder aufgeteilt, mit Ausnahme der Antarktis, die zu keinem Land gehört. Die Kontinente und auch ihre Bewohner sind sehr unterschiedlich.

82 % der **Nordamerikaner** leben in **STÄDTEN**, mehr als auf jedem anderen Kontinent.

Knapp über **0,5 %** der Weltbevölkerung lebt in **OZEANIEN**. Mit einer Fläche von **21 km²** ist Nauru der **KLEINSTE STAAT IN OZEANIEN**.

Mehr als die **HÄLFTE** des **BEVÖLKERUNGSWACHSTUMS** der Welt bis **2050** wird in **Afrika** erwartet.

Etwa **3 Fünftel** der Weltbevölkerung leben **IN ASIEN**.

5 der **10 KLEINSTEN LÄNDER** der Welt liegen in **EUROPA**: Vatikanstadt, Monaco, San Marino, Liechtenstein und Malta.

Bis vor **200 Mio. Jahren** gab es auf der Erde nur einen **SUPERKONTINENT** namens **PANGÄA**.

8 der **10** Länder mit den **MEISTEN FLUGHÄFEN** liegen in **NORD-** oder **SÜDAMERIKA**. Die meisten Flughäfen gibt es in den USA: **13 513**.

5 Länder – Russland, Türkei, Georgien, Kasachstan und Aserbaidschan – liegen auf **2 KONTINENTEN**: Europa und Asien.

Die **290 600** Einwohner von **FRANZÖSISCH-GUAYANA** leben zwar in **SÜDAMERIKA**, aber das Land gehört zu **FRANKREICH**. Staatswährung ist der **EURO**.

Der moderne Mensch, ***HOMO SAPIENS***, entwickelte sich vor **300 000 Jahren** in **AFRIKA**.

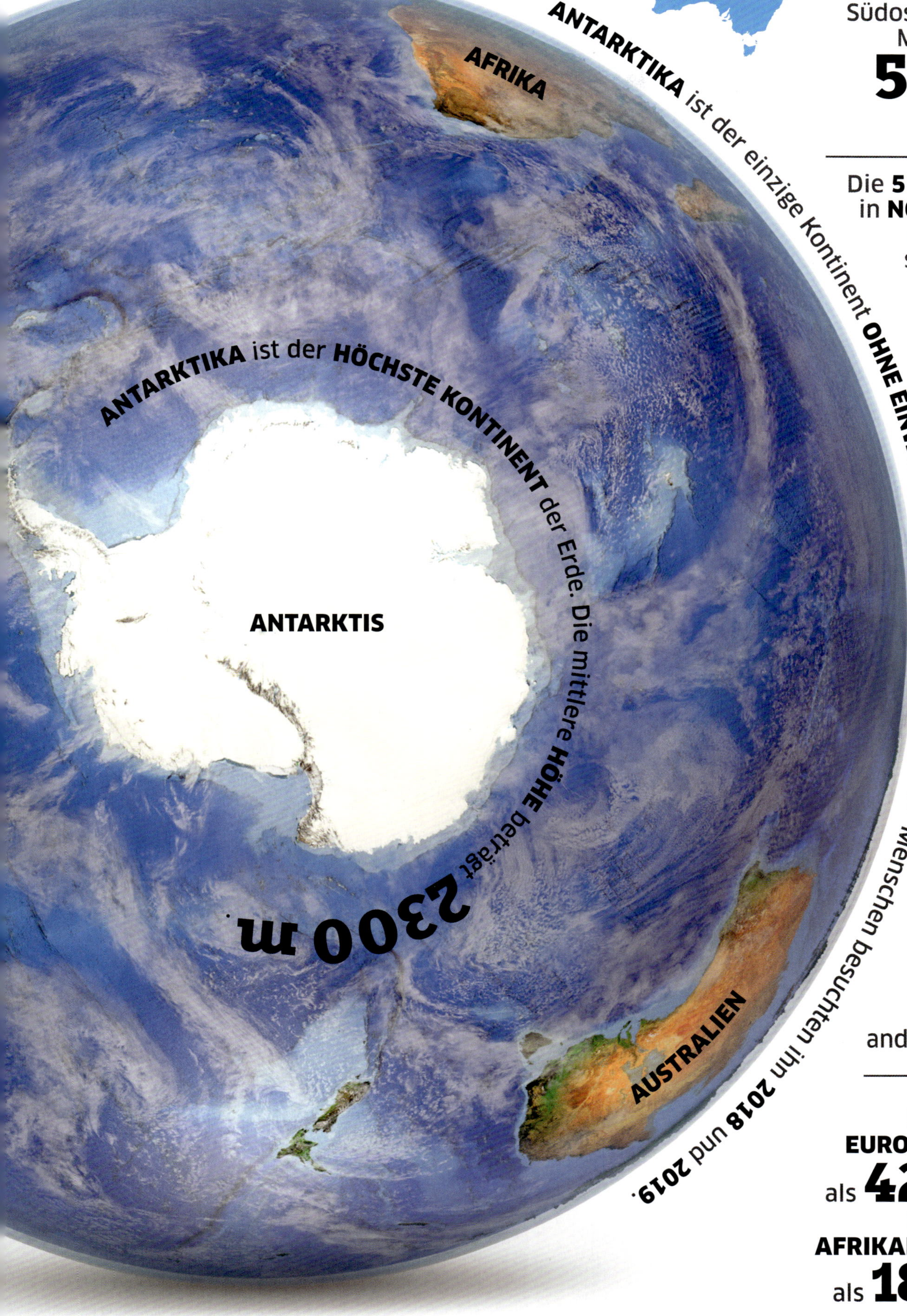

ANTARKTIKA ist der einzige Kontinent **OHNE EINWOHNER**, aber **56 000** Menschen besuchten ihn **2018** und **2019**.

ANTARKTIKA ist der **HÖCHSTE KONTINENT** der Erde. Die mittlere **HÖHE** beträgt **2300 m**.

AUSTRALIEN wurde von den **ABORIGINES** besiedelt, die aus Südostasien über das Meer kamen: vor **50 000 Jahren**.

Die **5 GROSSEN SEEN** in **NORDAMERIKA** – Huronsee, Eriesee, Oberer See, Michigan- und Ontariosee – beinhalten **21%** des **SÜSSWASSERS** auf der Erdoberfläche.

Es gibt **54** Länder in **AFRIKA** – mehr als auf jedem anderen Kontinent.

Die **HÄLFTE** der **EUROPÄER** sind älter als **42 JAHRE**. Die **HÄLFTE** der **AFRIKANER** sind jünger als **18 JAHRE**.

LÄNDER

Ein Land ist ein Gebiet mit einer eigenen Staatsregierung – egal, ob es riesig ist und sich quer über einen Kontinent erstreckt oder nur ein winziger Inselstaat. Auf der Welt gibt es rund 200 unabhängige Staaten.

Mehr als
1,4 Mrd. MENSCHEN
leben in China, dem Land mit der **GRÖSSTEN BEVÖLKERUNG** der Welt.

Der höchste Punkt der **MALEDIVEN** liegt nur **2,4 m** hoch. Damit sind sie das **TIEFSTGELEGENE LAND**.

49,8 %
der Einwohner von **URUGUAY** leben in der Stadt **MONTEVIDEO**.

2011
wurde **SÜDSUDAN** das **JÜNGSTE LAND** der Welt, als **98,8 %** der Wähler für die **UNABHÄNGIGKEIT** stimmten.

17 Länder Afrikas, darunter Kamerun, Togo und Tschad, wurden **1960 UNABHÄNGIG**.

VATIKANSTADT ist der **KLEINSTE UNABHÄNGIGE STAAT** der Welt. Mit nur
0,44 km²
ist er mehr als
7-mal kleiner
als der Central Park in New York (USA).

Mit einer Fläche von **316 km²** ist **MALTA** der
kleinste
Mitgliedsstaat der **EUROPÄISCHEN UNION**.

Die **MONGOLEI** ist das am **DÜNNSTEN BESIEDELTE LAND**. Dort leben im Schnitt nur
2 MENSCHEN
auf **1 km²**.

ECUADOR und **CHILE** sind die **einzigen 2 LÄNDER IN SÜDAMERIKA**, die nicht an **BRASILIEN GRENZEN**.

325 internationale **Landesgrenzen** trennen die **NATIONEN** und **ÜBERSEEGEBIETE.**

INDIEN ist die **GRÖSSTE DEMOKRATIE** der Welt:

ÜBER 900 Mio. MENSCHEN

waren **2019** bei der **PARLAMENTSWAHL** wahlberechtigt.

Rund **17 500 INSELN** bilden den Staat **INDONESIEN.**

1893 gab es in **NEUSEELAND** erstmals das **Frauenwahlrecht.**

SRI LANKA hatte als erstes Land einen **WEIBLICHEN** Premierminister: **Sirimavo Bandaranaike (1960).**

Mexiko hatte an **1 TAG** (19.02.1913) **3 VERSCHIEDENE** amtierende **PRÄSIDENTEN.**

Beim **GRÖSSTEN ZERFALL** eines einzelnen Staats **(1988–1991)** teilte sich die

Sowjetunion

in **RUSSLAND** und **14 WEITERE STAATEN.**

Die **SCHWEIZ** marschierte aus Versehen in **LIECHTENSTEIN** ein, als **170 SOLDATEN DIE GRENZE ÜBERQUERTEN,** ohne es zu merken (2007).

Kanada und die USA teilen sich die **LÄNGSTE FORTLAUFENDE LANDESGRENZE.** Sie ist **8891 km** lang.

Es gibt mehr als **50 Mio. KÄNGURUS** in Australien – **DOPPELT SO VIEL** wie Menschen.

LIECHTENSTEIN, das **6.-KLEINSTE** Land, ist einer der führenden Exporteure von **ZAHNERSATZ.**

Russland

ist **DAS GRÖSSTE LAND.** Es erstreckt sich über **11 ZEITZONEN.** Wenn es in Moskau **7:00 UHR** ist, ist es ganz im Osten des Landes **16:00 UHR.**

Pulsierende

HAUPTSTÄDTE

Fast alle Länder haben eine Hauptstadt, in der meist die Zentralregierung sitzt. Sie ist oft auch wirtschaftliches und kulturelles Zentrum und viele Hauptstädte sind gleichzeitig die größte Stadt ihres Landes.

Mehr als
900
KIRCHEN
gibt es in **ROM**, der Hauptstadt **ITALIENS**.

In der nigerianischen Hauptstdt **ABUJA** steht ein
400 m
hoher Monolith, der **ASO ROCK**.

Im Durchschnitt kommen täglich
3 590 000
Reisende durch **SHINJUKU**, den **MEISTBESUCHTEN** Bahnhof der Welt in Japans Hauptstadt **TOKIO**.

–1,3 °C
ist die jährliche Durchschnittstemperatur in **ULAANBAATAR (MONGOLEI)** – einer der **KÄLTESTEN** Hauptstädte.

Der offizielle Name von
Bangkok
hat **168 Zeichen**.
Die Kurzform lautet *Krung Thep*: Stadt der Engel.

13 JAHRE
(zwischen **1808** und **1821**) war **RIO DE JANEIRO** in Südamerika die Hauptstadt von **PORTUGAL**, einem Land in **EUROPA**.

Den **EIFFELTURM** in **PARIS (FRANKREICH)** wollen jedes Jahr rund **7 Mio. BESUCHER** besichtigen.

Von **1790–1800** war **PHILADELPHIA** die Hauptstadt der **USA**, während **WASHINGTON, D.C.**, noch erbaut wurde.

Mit **140 m** ist die **AVENIDA 9 DE JULIO** in **BUENOS AIRES (ARGENTINIEN)** die **BREITESTE** Straße der Welt.

Etwa im Jahr **43** wurde die englische Hauptstadt **LONDON** von den Römern als **LONDINIUM** gegründet.

699,3 km ZUGGLEISE und **405 BAHNHÖFE** gibt es in **PEKING**, der Hauptstadt von **CHINA**.

Auf **41 GRAD SÜDLICHER BREITE** ist **WELLINGTON (NEUSEELAND)** die **südlichste** Hauptstadt der Welt.

SÜDAFRIKA hat **3 Hauptstädte:** **PRETORIA** für den Regierungssitz, **KAPSTADT** für das Parlament und **BLOEMFONTEIN** für die Justiz.

Damaskus, die Hauptstadt von **SYRIEN**, ist eine der **ÄLTESTEN BEWOHNTEN STÄDTE**. Menschen leben dort seit **10 000 v. Chr.**

Durch die **INDONESISCHE** Hauptstadt **JAKARTA** fließen **13 Flüsse** und sie **SINKT** mit **1–15 cm** pro Jahr ab.

Nur getrennt durch den **FLUSS KONGO**, liegen die Hauptstadt der Demokratischen Republik Kongo, **KINSHASA**, und die der Republik Kongo, **BRAZZAVILLE**, nicht einmal **4 km** weit auseinander.

39 Mio. MENSCHEN werden um 2030 in der indischen Hauptstadt **DELHI** leben. Sie wird dann die **BEVÖLKERUNGSREICHSTE** der Welt sein.

21 JAHRE lang (1966–1987) gab es in **REYKJAVIK (ISLAND)** den **FERNSEHFREIEN DONNERSTAG**.

まつげ本舗
歌舞伎町
歌舞伎町
たのめーる
大塚商会

TOP 10 der bevölkerungsreichsten Städte

1

Tokio • Japan • **37,34 Millionen**

Japans Hauptstadt Tokio ist ein bedeutendes politisches und wirtschaftliches Zentrum. In letzter Zeit geht die Geburtenrate zurück und auch der Zuzug ausländischer Arbeitskräfte nimmt ab, sodass die Metropolregion bis 2030 den ersten Platz auf dieser Liste wohl verlieren wird.

2 **Delhi** • Indien
31,18 Millionen

Delhi hat nicht nur ein ausgedehntes Stadtzentrum, sondern auch eine historische Altstadt voller architektonischer Sehenswürdigkeiten aus der Mogul-Zeit.

3 **Schanghai** • China
27,80 Millionen

Schanghai ist berühmt für seine glitzernde Wolkenkratzer-Skyline und gilt als wichtiges Finanz- und Wirtschaftszentrum.

4 **São Paulo** • Brasilien
22,24 Millionen

Die wohlhabende Stadt ist nach dem Apostel Paulus benannt. In ihr leben 111 verschiedene ethnische Gruppen zusammen.

5 **Mexiko-Stadt** • Mexiko
21,92 Millionen

Mexiko-Stadt liegt zwar in einem Tal des Sierra-Madre-Gebirges, aber immer noch 2240 m über dem Meeresspiegel.

6 **Dhaka** • Bangladesch
21,74 Millionen

Einige große Flüsse fließen um das dicht bevölkerte Dhaka herum. Die Stadt liegt im fruchtbaren Ganges-Delta.

7 **Kairo** • Ägypten
21,32 Millionen

Kairo mit seiner islamischen Architektur und den lebhaften Bazaren liegt nicht weit von Giseh, wo die Cheops-Pyramide steht.

8 **Peking** • China
20,90 Millionen

Im Zentrum von Peking gibt es sowohl historische Sehenswürdigkeiten wie die Verbotene Stadt als auch moderne Gebäude, die zu den Olympischen Spielen 2008 errichtet wurden.

9 **Mumbai** • Indien
20,67 Millionen

Die Stadt ist beinahe rundum vom Meer eingeschlossen. Hier ist Bollywood zu Hause – die populäre indische Filmindustrie, die Filme hauptsächlich in der Sprache Hindi produziert.

10 **Osaka** • Japan
19,11 Millionen

Osaka wird wegen der vielen leckeren Spezialitäten, die es dort gibt, auch als die „Küche Japans“ bezeichnet.

SPRACHE

Mithilfe von Sprache drücken wir Gedanken und Gefühle aus und geben unser Wissen weiter. Dazu benutzen wir Laute, die Wörter bilden. Im Lauf der Zeit gab es zahlreiche Sprachen, die sich weit verbreiteten und dann wieder unbedeutend wurden. Es kommt vor, dass Sprachen Wörter aus anderen Sprachen entlehnen.

Bei den Vereinten Nationen gibt es **6 offizielle Sprachen**: **ARABISCH**, **CHINESISCH**, **ENGLISCH**, **FRANZÖSISCH**, **RUSSISCH**, **SPANISCH**.

517 SPRACHEN werden in **Nigeria** gesprochen, mehr als in anderen Ländern **AFRIKAS**.

Die **ENGLISCHE** Sprache umfasst **600 000** **WÖRTER** – mehr als **JEDE ANDERE SPRACHE** der Welt.

SILBO ist eine Sprache, die aus **Pfeiftönen** besteht. Damit verständigen sich die Menschen auf der **KANARISCHEN INSEL LA GOMERA** vor der Küste Nordafrikas über Entfernungen von bis zu **5 km**.

Etwa **2 Fünftel** aller **SPRACHEN** sind vom **AUSSTERBEN BEDROHT**.

Mehr als die **HÄLFTE** aller Menschen sind **bilingual**: Sie sprechen **FLIESSEND 2 SPRACHEN**.

SIMBABWE hat **16 Amtssprachen**, die meisten der Welt.

In **29** Ländern ist die Amtssprache **FRANZÖSISCH**.

Rund **80 %** aller heute benutzten Sprachen werden von **WENIGER ALS 100 000 Personen** gesprochen.

Papst Franziskus, das Oberhaupt der katholischen Kirche, **TWITTERT** in **9 SPRACHEN**, darunter auch Latein.

2020 waren weltweit etwa **7117 verschiedene Sprachen** in Gebrauch.

Trotz aller Versuche, Holländisch zu lernen, als er **1806** dort König wurde, nannte sich **Louis Bonaparte** selbst **„KANINCHEN VON HOLLAND“**: Er sagte **„KONIJN“** (Kaninchen) statt **„KONING“** (König).

---

1 348 000 000

Menschen sprechen **ENGLISCH** als **ERSTE ODER ZWEITE** Sprache.

Weniger als 5 % der Menschen, die **PORTUGIESISCH SPRECHEN**, leben in **PORTUGAL**. Die meisten, über **200 Mio.**, leben **IN BRASILIEN**.

Das Wort **Alphabet** leitet sich von den **ERSTEN 2 GRIECHISCHEN BUCHSTABEN** ab: **ALPHA** und **BETA**.

Cristina Calderón, geboren **1928**, ist die **LETZTE LEBENDE MUTTER-SPRACHLERIN** von **YAGÁN**, einer Sprache in Feuerland (Inselgruppe an der Südspitze Südamerikas).

---

840 SPRACHEN

kommen aus **PAPUA-NEUGUINEA** oder werden dort gesprochen. Kein anderes Land hat mehr Sprachen.

12,3 % der Weltbevölkerung haben **MANDARIN-CHINESISCH** als Muttersprache. Damit ist es die **HÄUFIGSTE ERSTSPRACHE** der Welt.

Wehende

FLAGGEN

Nicht nur Länder, sondern auch Regionen, Städte und einige Organisationen nutzen Flaggen als Symbol, zur Kommunikation und zum Gedenken. Nationalflaggen sind starke Symbole, die bei der Bevölkerung oft Stolz hervorrufen.

Die aktuelle Flagge der USA mit ihren **50 Sternen** entwarf der **17-JÄHRIGE** Schüler **Robert Heft** im Jahr **1958**.

Die **DÄNISCHE NATIONALFLAGGE**, der Dannebrog, wurde vor mehr als **650 JAHREN** entworfen. Sie ist eine der ältesten Flaggen, die noch in Gebrauch sind.

Seit die **NATIONALFLAGGE DER USA** im Jahr **1777** angenommen wurde, wurde sie **27-mal** verändert.

DER HÖCHSTE frei stehende Flaggenmast der Welt steht in **DSCHIDDA**. Er trägt die Flagge von Saudi-Arabien und ist **171 m** hoch.

Die **FLAGGE** von **BELIZE** zeigt einen Kranz mit **50 Blättern** zur Erinnerung an das Jahr **1950**, in dem der **31 JAHRE** lange Weg in die Unabhängigkeit begann.

Die **KLEINSTE FLAGGE** der Welt ist eine Kanada-Flagge aus dem Jahr **2016**. Sie ist **0,001 mm** lang – das ist **1/100-stel DER DICKE EINES MENSCHENHAARS.**

Auf der **FLAGGE** der **ISLE OF MAN** sind **3 BEINE** in Rüstung abgebildet. Das Symbol ist mehr als **600 JAHRE ALT.**

Von den **195 Nationalflaggen** haben **85** das Seitenverhältnis **2:3** (Länge:Breit

2 Länder, **HAITI** und **LIECHTENSTEIN**, kamen mit **GLEICHEN NATIONALFLAGGEN** zu den **OLYMPISCHEN SPIELEN** von **1936**.

32 823 VORSCHLÄGE wurden 1901 bei einem **INTERNATIONALEN WETTBEWERB** für die Flagge Australiens eingereicht.

Die Flagge des **PIRATEN Bartholomew („Schwarzbart“) Roberts** (1682–1722), der mehr als **400 Schiffe** kaperte, zeigte ihn auf **2 SCHÄDELN STEHEND**.

Bei einer **AUKTION 2006** erbrachten **4 FLAGGEN** aus dem US-Unabhängigkeitskrieg (1775–1783) etwa **17 Mio. Dollar**.

Auf der **INDISCHEN FLAGGE** sieht man ein **RAD** mit **24 Speichen**, genannt **ASHOKA CHAKRA**. Die Speichen stehen für **BUDDHISTISCHE LEHRSÄTZE**.

PARAGUAYS NATIONALFLAGGE wurde in nur **1 JAHR** (1811/12) **4-mal** verändert.

Nur **2 UNABHÄNGIGE STAATEN** der Welt haben **QUADRATISCHE FLAGGEN:** die Schweiz und Vatikanstadt.

RELIGIONEN

Eine Religion vertritt eine Reihe von Glaubenssätzen, die den Sinn des Lebens erklären sollen. Viele Menschen auf der ganzen Welt folgen einer Religion und jede von ihnen hat eigene Symbole und Rituale.

Die **TORAH** (Heilige Schrift der Juden) hat **613 MITZWAS** (Gebote).

70 % der Menschen auf der Welt folgen 1 von 3 Religionen: **CHRISTENTUM, HINDUISMUS ODER ISLAM.**

Der **DAOISMUS** basiert auf den Lehren der **2 CHINESISCHEN PHILOSOPHEN Laozi** und **Zhuangzi**.

Die **RIGVEDA** umfasst etwa **10 600 Verse**.

Der **SHINTOISMUS** entwickelte sich in Japan vor etwa **2000** Jahren.

Der **ÄLTESTE ERHALTENE** heilige Text des **HINDUISMUS** ist die **RIGVEDA** und ungefähr **3500 JAHRE ALT**.

Im **JAINISMUS** glaubt man, dass **24** geistige Lehrer, die **TIRTHANKARAS**, in allen **ZEITALTERN** des Universums erscheinen.

Eine der **JÜNGSTEN** großen Religionen, das **BAHAITUM**, wurde in Persien (dem heutigen Iran) gegründet: im Jahr **1844**.

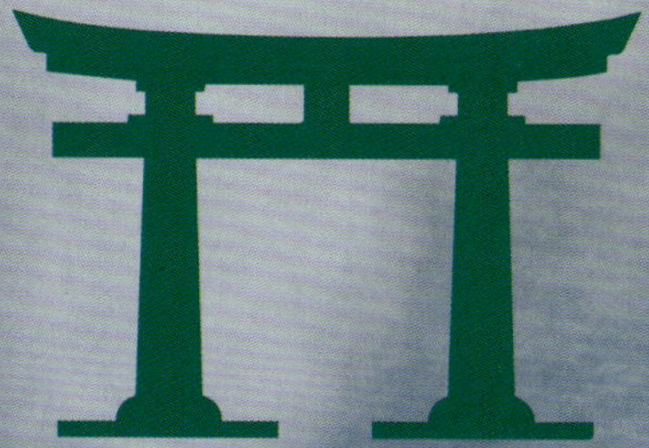

48 Exemplare der Bibel (Heilige Schrift der Christen) wurden **1455** gedruckt. Das **ERSTE BUCH IN EUROPA**, das mit einer Druckerpresse hergestellt wurde.

Die Cross Island Chapel in Oneida (New York, USA) ist die **KLEINSTE KIRCHE DER WELT** mit nur **2 STÜHLEN**.

5 Dinge, die mit **K** beginnen, werden von Männern getragen, die dem **SIKHISMUS** folgen: **KACHERA** (ein weißes Untergewand), **KANGHA** (ein Holzkamm), **KARA** (ein eisernes Armband), **KESH** (ungeschnittenes Haar) und **KIRPAN** (ein Kurzschwert).

Es gibt **114 SUREN** (Kapitel) im **KORAN** (Heilige Schrift des Islam). Die längste hat **286 VERSE** und die kürzeste **3**.

Jedes Jahr reisen etwa **2 Mio. MUSLIME** nach **MEKKA** in Saudi-Arabien. Diese Pilgerreise heißt **HADDSCH**.

Der Bau der römisch-katholischen Kirche **SAGRADA FAMÍLIA** in Barcelona soll **2026** abgeschlossen sein: **144 Jahre** nach Baubeginn im Jahr **1882**.

Die **7-ARMIGE MENORA** (Kerzenleuchter) ist ein Symbol des **JUDENTUMS**. Jeder Arm steht für einen Wochentag.

Etwa **7 %** der Weltbevölkerung folgen dem **Buddhismus**.

ANGKOR WAT in Kambodscha, das **GRÖSSTE** religiöse Bauwerk der Welt, wurde im **12. JH.** als **HINDU-TEMPEL** errichtet. Knapp **100 JAHRE SPÄTER** wurde es in einen **BUDDHISTISCHEN TEMPEL** umgewandelt.

SIDDHARTHA GAUTAMA, der Begründer des Buddhismus, hat angeblich **49 Tage** unter einem Baum meditiert und dann **ERLEUCHTUNG** erlangt.

Der Durchmesser der Kuppel der Moschee **HAGIA SOPHIA** (Türkei) beträgt **33 m**.

Rund **83 %** aller Sikhs leben in **INDIEN**.

TOP 10 der höchsten Statuen

1

Statue der Einheit • Gujarat, Indien
182 m • Fertiggestellt **2018**

Die Statue stellt den Freiheitskämpfer und Staatsmann Vallabhbhai Patel dar. Sie ist fast 4-mal so hoch wie die Freiheitsstatue in den USA. Bei ihrem Bau wurden rund 24500 Tonnen Stahl und 70000 Tonnen Beton verwendet.

2 **Zhongyuan-Buddha** • Lushan, China
128 m • Fertiggestellt **2008**

Die Kolossalstatue besteht aus 1100 gegossenen Kupferstücken, ihr Gewicht wird auf 1000 Tonnen geschätzt.

3 **Ushiku Daibutsu** • Ushiku, Japan
120 m • Fertiggestellt **1993**

Die Buddha-Statue Ushiku Daibutsu umgibt ein 10000 m² großer Garten voller Blumen, die das ganze Jahr über blühen.

4 **Laykyun Setkyar** • Monywa, Myanmar
116 m • Fertiggestellt **2008**

Die Buddha-Statue steht auf einem 13,5 m hohen Sockel im Dorf Khatakan Taung. Der Bau dauerte 12 Jahre.

5 **Sendai-Daikannon** • Sendai, Japan
100 m • Fertiggestellt **1991**

Besucher des Sendai-Daikannon treten durch das Maul eines geschnitzten weißen Drachen an den Füßen der Statue ein.

6 **Guishan Guanyin der Tausend Arme und Augen**
Changsha, China • **99 m** • Fertiggestellt **2009**

Die glänzende Skulptur aus vergoldeter Bronze stellt einen Bodhisattva (buddhistische Figur) mit 20 Armpaaren dar.

7 **Großer Buddha des Wat-Muang-Tempels**
Ang Thong, Thailand • **92 m** • Fertiggestellt **2008**

Es heißt, dass Menschen, die die rechte Hand des Großen Buddhas berühren, vom Glück gesegnet werden.

8 **Daikannon im Kita-no-Miyako-Park** • Ashibetsu, Japan
88 m • Fertiggestellt **1989**

Die Buddha-Statue hat 20 Stockwerke. In ihrem Inneren befinden sich mehrere Schreine und ganz oben gibt es eine Aussichtsplattform.

9 **Rodina-mat** (Mutter-Heimat-Statue) • Wolgograd, Russland •
85 m • Fertiggestellt **1967**

Die Mutter-Heimat-Statue zeigt eine Frau, die ein Schwert in die Höhe streckt. Es ist die größte Statue außerhalb Asiens.

10 **Awaji-Kannon** • Awaji-shima (Insel), Japan
80 m • Fertiggestellt **1982**

Der Name dieser Statue bedeutet „Gigant des Weltfriedens". Sie wurde von einem örtlichen Geschäftsmann erbaut, verfällt aber heute zusehends.

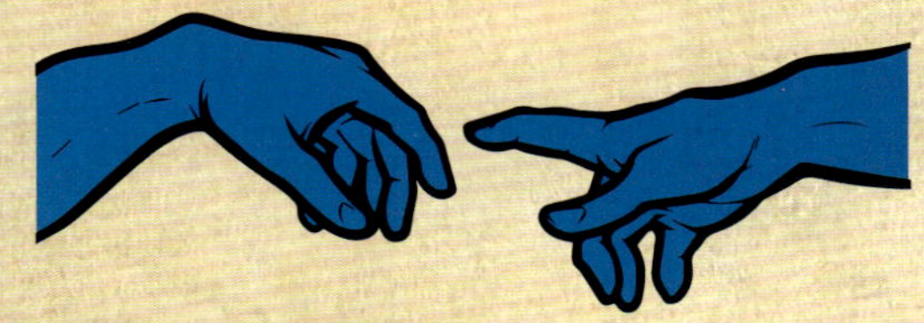

Der italienische Maler **Michelangelo** malte mehr als

300 FIGUREN

an die Decke der **SIXTINISCHEN KAPELLE** in Rom. Anfangs lautete sein Auftrag, **12** zu malen. Er brauchte

4 Jahre (1508–1512).

1998 entdeckte man in Australien eine **4,2 km** lange Erdzeichnung von einem **INDIGENEN JÄGER**. Man taufte sie **MARREE MAN**. Der Schöpfer ist **UNBEKANNT**.

Der anonyme Street-Artist **Banksy** malte ein **4 m** breites Bild, das **BRITISCHE POLITIKER ALS SCHIMPANSEN** darstellt. Es wurde **2019** verkauft: für rund

11 Mio. €.

Die Japanerin **Yayoi Kusama** begann früh mit dem Malen ihrer **INFINITY NETS**, unendlicher Netze aus bunten Punkten:

im Alter von

10.

Bewegende
KUNST

Von einfachen Skizzen bis zu großen Meisterwerken: Menschen zeichnen, malen, formen und bauen seit vielen Tausend Jahren künstlerische Werke. Kunst kann unterhaltsam und anregend sein und ruft oft starke Gefühle in uns wach.

2014 wurde ein Werk von **Georgia O'Keeffe** (USA) für
44 405 000 $
verkauft. Sie ist die **TEUERSTE MALERIN** der Kunstgeschichte.

Das Gemälde
MONA LISA
von **Leonardo da Vinci** zieht täglich etwa **30000 Besuchende** ins **LOUVRE-MUSEUM** in Paris (Frankreich).

ÖLGEMÄLDE müssen
2 Wochen
trocknen und aushärten.

Der Niederländer **Vincent van Gogh** malte in seinem Leben rund
2000
Skizzen und Gemälde, aber er wurde erst **NACH SEINEM TOD 1890** berühmt.

Der Künstler El Anatsui aus Ghana schuf ***GRAVITY AND GRACE***, ein **11,2 m** langes Wandrelief aus mehr als
10000
Flaschenverschlüssen.

1940 entdeckten **4 JUGENDLICHE** Höhlen mit **17000 JAHRE ALTEN MALEREIEN** in **Lascaux (FRANKREICH)**.

Etwa **2000**
PRÄHISTORISCHE TIERE
wie Hirsche, Bisons und Pferde zieren die Wände.

KALLIGRAFIE wird in China seit mehr als **4000 JAHREN** als wichtige Kunstform praktiziert. Die **GRUNDLEGENDEN PINSELSTRICHE** sind als die
8 PRINZIPIEN bekannt.

Der japanische Maler **Katsushika Hokusai** malte über **30000** Kunstwerke, darunter **DIE GROSSE WELLE VOR KANAGAWA**.

Mitreißende

MUSIK

Seit Jahrtausenden werden immer wieder neue Instrumente gebaut, um Rhythmen zu trommeln und Melodien zu spielen. Heute gibt es eine ganze Industrie, die jedes Jahr Millionen von Musikaufnahmen und -produktionen verschiedenster Richtungen veröffentlicht.

Eine **KLAVIERTASTATUR** hat **88 Tasten**, **52** weiße und **36** schwarze.

Ein Album muss **1 000 000** Verkäufe erzielen (digital oder physisch), um in den USA mit **PLATIN** ausgezeichnet zu werden.

Ein traditioneller Geigenbogen besteht aus **150–200 SCHWANZHAAREN** von **PFERDEN**.

VINYL-SCHALLPLATTEN machten **2019** **26 %** der Albumverkäufe in den USA aus.

Adolphe Sax erfand und patentierte **14 verschiedene Saxofone** (1846), von denen 4 heute noch gespielt werden.

Drakes Album *Scorpion* (2018) wurde **132 450 203** Mal auf Spotify gestreamt – am **ERSTEN** Tag.

Die **HÖCHSTE KLAVIERNOTE** (C^5) schwingt in der Luft **4186-mal pro Sekunde**.

Das Wiener **Gemüseorchester** hat mehr als **150 INSTRUMENTE** aus frischem Gemüse erfunden, zum Beispiel **KÜRBISTROMMELN** und **LAUCHGEIGEN**.

Zu den **ÄLTESTEN BEKANNTEN** Musikinstrumenten gehören in Deutschland gefundene **FLÖTEN**. Sie wurden vor etwa

43 000

JAHREN geschnitzt.

Der Komponist **Wolfgang Amadeus Mozart** schrieb seine erste Sinfonie mit **8 JAHREN** und seine erste Oper im Alter von **12**.

Das größte Tamburin

hat **185,5 cm** Durchmesser und ist **36,5 cm** tief.

Die **Trommler von Burundi** haben **3 ARTEN VON TROMMELN**: Inkiranya, Amashako und Ibishikiso.

Der südkoreanische K-Pop-Sänger Psy produzierte mit **„Gangnam Style“** das erste YouTube-Video mit über **1 Mrd. Klicks**.

Eine **KONZERTHARFE** oder Pedalharfe hat bis zu **47 Saiten**.

Die **GREAT STALACPIPE ORGAN**, eine Orgel in den Luray Caverns (USA), erzeugt Töne, indem Hämmer mit Gummibelag auf **37 STALAKTITEN** verschiedener Größe schlagen.

2019 war der Wert der **GLOBALEN TONTRÄGER-INDUSTRIE** **20,2 Mrd. $**.

In einer Kirche in Deutschland begann 2001 die **ORGEL-AUFFÜHRUNG** von John Cages Musikstück „As Slow As Possible“. Geplant ist eine Spieldauer von **639 Jahren**.

Tanz und

THEATER

Seit Jahrtausenden sehen sich Menschen Theateraufführungen an. Es gibt viele unterschiedliche Stile, vom westlichen Theater, dessen Ursprünge im alten Griechenland liegen, bis zur chinesischen Oper oder zum indischen Tanzdrama Kathakali.

Weltrekord: **6952 Steptänzer** tanzten eine Choregrafie in **135** Sekunden. (Stuttgart, **1998**).

Die Originalproduktion des britischen Musicals ***DAS PHANTOM DER OPER*** hatte **130 MITGLIEDER IN CAST UND CREW**, **22 BÜHNENBILDER** und **230 Kostüme**.

DIE MAUSEFALLE ist das **AM LÄNGSTEN AUFGEFÜHRTE** Stück im Londoner West End. Das Kriminalstück erlebte seit 1952 mehr als **28 000 AUFFÜHRUNGEN** mit mehr als **10 000 000 Tickets**.

Im **KATHAKALI** gibt es **101 KLASSISCHE GESCHICHTEN**. Es ist eine Art Tanz-Erzählung, die in Südindien im **17. Jh.** entstand.

8 TONY-AWARDS bekam der Amerikaner **Stephen Sondheim** – **DIE MEISTEN**, die je ein **KOMPONIST** erhielt.

1987 rezitierte Adrian Hilton alle Werke von **William Shakespeare** in **110 Stunden, 46 Minuten**.

Es gibt **368** Stile in der **chinesischen Oper**. Heute werden noch etwa **280** aufgeführt.

Margaret Hughes spielte **1660** die Desdemona in ***OTHELLO***. Sie war der **ERSTE WEIBLICHE BÜHNENSTAR**, der in einem Stück von Shakespeare auftrat: **44 Jahre** nach seinem Tod.

493 v. Chr. musste der Grieche Phrynichus **1000 DRACHMEN** Strafe zahlen (so viel verdiente ein Bauer in 2 Jahren), weil sein Theaterstück ***DIE EINNAHME VON MILET*** das Publikum zum Weinen brachte.

1964 erreichten die Tänzer **Rudolf Nurejew** und **Margot Fonteyn** einen Rekord: **89 VORHÄNGE** nach einer Vorstellung von ***SCHWANENSEE*** in Wien (Österreich).

Dem Stepptänzer **Anthony Morigerato** gelangen **2011** an einer New Yorker Tanzschule **1163 TAPS PRO MINUTE** (19,4 pro Sekunde).

2018 fand in Hongkong (China) die **GRÖSSTE BALLETTSTUNDE** der Welt statt – mit **1530 Schülern**.

Der König der Löwen erzielte die **HÖCHSTEN EINNAHMEN** aller **MUSICALS**: **9,1 Mrd. $** (Ende **2019**).

Das antike griechische Amphitheater in **Epidauros** hatte Sitzplätze für **14 000 PERSONEN**.

SOUTH PACIFIC von Rodgers und Hammerstein gewann **17 TONY-AWARDS**. Das ist mehr als jedes andere Musical.

Kino und

FILM

Im Jahr 1895 durfte im Grand Café in Paris (Frankreich) ein Publikum von 30 Personen der ersten Vorführung beweglicher Bilder beiwohnen. Heute gehen jede Woche Millionen Menschen ins Kino, um die neuesten Filme zu sehen.

INDIEN hat die **GRÖSSTE FILMINDUSTRIE** der Welt. Dort entstehen mehr als **1200 FILME PRO JAHR**.

EINE OSCAR-STATUE IST 34 cm hoch und wiegt **3,9 kg**. Sie besteht aus Bronze, vergoldet mit **24-Karat-Gold**.

1928 hatte Micky Maus ihr offizielles Debüt in dem **8-MINÜTIGEN FILM** *Steamboat Willie*.

220 m betrug der **HÖCHSTE BUNGEE-SPRUNG IN EINEM FILM**. Der Stuntman Wayne Michaels sprang für den James-Bond-Film *GoldenEye* (1995) von einem **SCHWEIZER STAUDAMM**.

US-Schauspielerin Rebecca Romijn wurde für die Figur der Mystique in ***X-MEN*** (2000) täglich **8–9 Stunden** geschminkt und trug **FAST 100 PROTHESEN**.

Mit nur **18 PLÄTZEN** und einer Fläche von **24 m²** ist das **CABIRIA CINE-CAFÉ** in Brasilia (Brasilien) das **kleinste EIGENS ERBAUTE KINO DER WELT**.

Ein großer Studiofilm (Dreh und Marketing) kostet im Durchschnitt **100 Mio. $**.

In der Beerdigungsszene des Films ***GANDHI*** (1986) treten mehr als **300 000 Statisten** auf.

TOY STORY (1995) war der erste computeranimierte Langfilm. Er hatte **114 240 EINZELBILDER**. Das Rendern dauerte pro Bild **45 Minuten bis 30 Stunden**.

Zuerst gab es nur **STUMMFILME**. **1927** erschienen die ersten **TONFILME** im Kino, aber sie waren nachträglich **SYNCHRONISIERT**.

Die **GRÖSSTE STÄNDIGE Kinoleinwand** steht in Suzhou (China). Sie misst **34,6 m × 26,8 m**. Das ist etwa **3,5-mal** so groß wie ein **TENNISPLATZ**.

Jackie Chan aus Hongkong hatte die **GRÖSSTE ZAHL VON FUNKTIONEN** in einem einzigen Film: **15 Credits** bei *Chinese Zodiac* (2012).

2005 wurde ein **ORIGINAL-PLAKAT** des deutschen Films ***METROPOLIS*** (1927) verkauft: für **690 000 $**.

US-Schauspielerin Tatum O'Neal war erst **10 JAHRE ALT**, als sie **1974** für ihre Rolle in *Paper Moon* (1973) **DEN OSCAR FÜR DIE BESTE WEIBLICHE NEBENROLLE** erhielt.

Animatoren zeichneten **2,3 Mio. einzelne Haare** für Sulley aus der ***MONSTER AG***. Sie brauchten durchschnittlich **12 Stunden** für jedes Einzelbild.

2020 gewann der Film ***PARASITE*** von Regisseur **Bong Joon-Ho** als **erster fremdsprachiger Film** den Oscar für den **BESTEN FILM**.

19 000 KOSTÜME, **48 000 Rüstungsteile** und mehr als **1800 PAAR** Hobbitfüße und -ohren wurden für die Trilogie *Herr der Ringe* (2001–2003) gefertigt.

Für ***CHARLIE UND DIE SCHOKOLADENFABRIK*** (2005) lernten **40 EICHHÖRNCHEN**, am Fließband **NÜSSE** zu **SORTIEREN**.

TERRY, der **HUND**, der im Film *Der Zauberer von Oz* (1939) Toto spielte, bekam dafür **125 $ pro Woche**. Das war **MEHR**, als einige der **SCHAUSPIELER** verdienten.

Die Stimmen und Rufe von **5 Tieren** (Bär, Walross, Löwe, Seehund und Dachs) wurden gemixt, um die **STIMME VON CHEWBACCA** in den ***STAR-WARS***-Filmen zu erzeugen.

EINZELSPORT

Bei vielen Sportarten wie Tennis oder Ringen treten zwei Sportler gegeneinander an, während beim Radfahren oder in der Leichtathletik viele Einzelsportler gegen die Zeit um den ersten Platz kämpfen. Beim Einzelsport geht es meist um Kraft, Genauigkeit und Strategie.

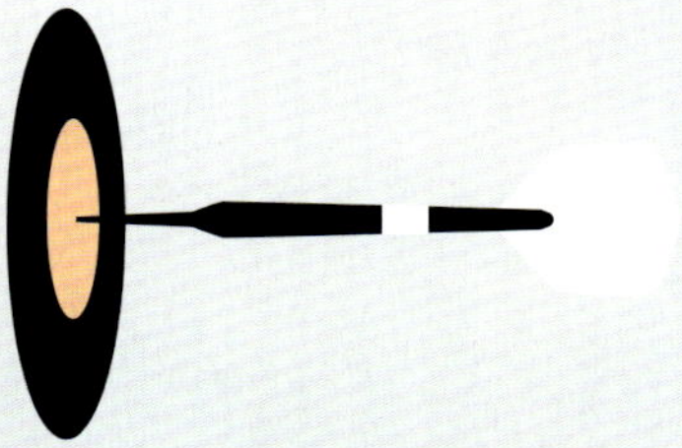

Nach den Regeln muss das **BULLSEYE** (Mitte) des Dartboards **12,7 mm** Durchmesser haben und in **1,73 m** Höhe hängen.

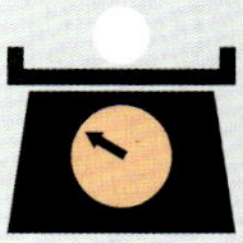

EIN TISCHTENNIS-BALL wiegt nur **2,7 g** und ist der **LEICHTESTE** Ball im Sport.

Formel-1-Fahrer **VERLIEREN** bis zu **4 kg** **GEWICHT** während eines **GRANDPRIX-RENNENS**.

Kunstturner absolvieren Sprünge und Drehungen auf dem **SCHWEBEBALKEN**, der nur **10 cm** breit ist.

3 Waffen werden beim Fechten eingesetzt: **DEGEN**, **FLORETT** und **SÄBEL**.

SNOOKER wird mit **22 Bällen** in **8 FARBEN** gespielt, darunter der weiße Spielball.

Zwischen **1981** und **1986** gewann der Pakistaner **JAHANGIR KHAN** ganze **555 SQUASHSPIELE** hintereinander.

Beim Krocket sind die **TORE** nur etwa **0,15–0,45 cm BREITER ALS DIE BÄLLE.**

Zwischen **1977** und **1987** gewann der US-Amerikaner Edwin Moses **122 400-m-HÜRDENLÄUFE** hintereinander – die längste **GEWINNSTRÄHNE** in der Leichtathletik.

Beim Finale des **3000-m-HÜRDENLAUFS** bei den **OLYMPISCHEN SPIELEN 1932** verzählten sich die Schiedsrichter und es gab eine **Extrarunde.**

Bei den Olympischen Spielen **1904** gewann der US-Turner George Eyser mit **HOLZBEIN** **6 Medaillen.**

Das **LÄNGSTE TENNISMATCH** aller Zeiten trugen John Isner und Nicolas Mahut in Wimbledon aus (2010) – **183 SPIELE** über **11 Std. und 5 min.**

Ein **BADMINTON-BALL** besteht aus **16 GÄNSEFEDERN**, die in ein Korkstück gesteckt werden. Er wiegt nur etwa **5 g.**

Die **ERFOLGREICHSTE PARALYMPIONIKIN** ist die US-Schwimmerin Trischa Zorn mit **41** Gold-, **9** Silber- und **5** Bronzemedaillen.

Bei **KURZSTRECKEN-EISLAUFRENNEN** können die Läufer ein Tempo von bis zu **45 km/h** erreichen.

Der schnellste **TENNIS-AUFSCHLAG** (bei den Männern) war **263,4 km/h** schnell. Er gelang dem Australier Sam Groth **(2012)**. Bei den Frauen hält die Spanierin Georgina Garcia Pérez den Rekord: **220 km/h.**

Mehr als **54 250 Bälle** werden jedes Jahr für das Tennisturnier in **WIMBLEDON** (London, GB) bei **20 °C** gelagert.

2012 stand der **12-JÄHRIGE** Tom Schaar als **ERSTER** einen **1080** (das sind **3** volle Umdrehungen) auf dem **Skateboard.**

Bei den **OLYMPISCHEN SPIELEN 1928** ließ der australische Ruderer Bobby Pearce eine **ENTENFAMILIE** vorbei und gewann dennoch mit einem Vorsprung von **29 Sekunden.**

Bei den Olympischen Spielen **1912** dauerte ein Kampf im griechisch-römischen Ringen **11 STD. UND 40 MIN.** Heute ist die Zeit auf **2 × 3-MINUTEN** festgelegt.

Sport im
TEAM

In vielen Sportarten spielen Mannschaften in Ligen und tragen Turniere untereinander aus. Die Anzahl der Spieler pro Team ist unterschiedlich – von 4 Personen beim Curling bis zu 18 beim Australian Football.

Wilt Chamberlain (Philadelphia Warriors) erzielte den Rekord von **100 PUNKTEN** in 49 Minuten in **1 BASKETBALLSPIEL** in der NBA (**1962**).

Jedes **BASEBALL**-Team der **MAJOR LEAGUE** spielt in einer regulären Saison **162 SPIELE** – das sind **2430** MLB-Spiele pro Jahr.

VOLLEYBALL wurde **1895** erfunden und hieß anfangs Mintonette.

Der russische **EISHOCKEY**-Spieler Denis Kuljasch schlug 2011 den schnellsten **PUCK** aller Zeiten: **177,5 km/h**.

779 PÄSSE – im Durchschnitt **8,5 PRO MINUTE** – spielte Spanien im Spiel gegen Russland bei der **FUSSBALL-WELTMEISTERSCHAFT 2018**.

Im **KORBBALL** gab es Teams aus **5** oder **9 SPIELERN**, bis 1960 **7 SPIELER** zum **STANDARD** erklärt wurden.

Ein Baseball in der MLB hat **108 Doppelstiche**. Die Bälle werden mit **223,5 cm** langem, gewachstem roten Garn **HANDGENÄHT**.

Beim **OCTOPUSH** (Unterwasser-Hockey) führen **6 SPIELER** pro Team einen **1,2–1,5 kg** schweren **PUCK** über den Boden des Wasserbeckens.

Ein **CURLING-STEIN** wiegt knapp **20 kg**.

1939 erzielten Südafrika und England zusammen **1981 Runs** über einen Zeitraum von **12 TAGEN**. Es war das längste je aufgezeichnete **CRICKET-TESTSPIEL**.

Der Japaner **Daisuke Ohata** hält den Weltrekord an Test-Trys im Rugby („Versuche", die wie Tore zählen): **69 IN 58 SPIELEN**.

2 Teams auf den **SCILLY-INSELN** bilden die kleinste Fußball-Liga der Welt. Sie tragen **18 LIGASPIELE** und außerdem **2 POKALWETTKÄMPFE** aus.

Der schnellste aufgezeichnete Schlag beim **LACROSSE** gelang dem US-Amerikaner Patrick Luehrsen mit **192,96 km/h** in Illinois (USA, 2015).

Die Brasilianerin Cristiane Rozeira ist mit insgesamt **14 ENDRUNDEN-TOREN** die Rekordschützin im **OLYMPISCHEN FUSSBALL**.

Beim **WASSERPOLO** darf ein Team den Ball höchstens **30 SEKUNDEN** halten, dann muss es ihn Richtung Tor schießen.

Bei den Olympischen Spielen 2008 schoss das **FRAUEN-EISHOCKEYTEAM DER SLOWAKEI** durchschnittlich **alle 44 Sek.** ein Tor und besiegte Bulgarien **82–0**.

2006 wurde für den rumänischen Fußballspieler Marius Cioara eine **TRANSFERSUMME** von **15 kg WÜRSTCHEN GEZAHLT**.

TOP 10 der Olympioniken

Michael Phelps • USA
Schwimmer • **28** (**23** Gold, **3** Silber, **2** Bronze)

Der Olympionike mit den meisten Medaillen stellte einen weiteren Weltrekord auf, als er 8 Goldmedaillen allein bei den Olympischen Spielen 2008 in Peking (China) gewann.

1

2 **Larisa Latynina** • Sowjetunion
Kunstturnerin • **18** (**9** Gold, **5** Silber, **4** Bronze)
Larisa Latynina hält den Rekord der meisten Goldmedaillen, die je im Kunstturnen gewonnen wurden (Männer und Frauen).

3 **Marit Bjørgen** • Norwegen
Langläuferin • **15** (**8** Gold, **4** Silber, **3** Bronze)
Die fünfmalige Olympiateilnehmerin Marit Bjørgen hat die meisten Trophäen bei olympischen Winterspielen errungen.

4 **Nikolai Andrianow** • Sowjetunion
Kunstturner • **15** (**8** Gold, **4** Silber, **3** Bronze)
In Montreal (1976) gewann Nikolai Andrianow Medaillen in 7 von 8 Wettkämpfen, bei denen er antrat, darunter 4-mal Gold.

5 **Ole Einar Bjørndalen** • Norwegen
Biathlon • **13** (**8** Gold, **4** Silber, **1** Bronze)
Der Biathlet Ole Einar Bjørndalen trainierte 900–1000 Stunden pro Jahr, bis er sich 2018 aus dem Sport zurückzog.

6 **Boris Schachlin** • Sowjetunion
Kunstturner • **13** (**7** Gold, **4** Silber, **2** Bronze)
Boris Schachlins Königsdisziplin war das Seitenpferd. Damit war er der erfolgreichste Athlet bei den Sommerspielen 1960.

7 **Edoardo Mangiarotti** • Italien
Fechter • **13** (**6** Gold, **5** Silber, **2** Bronze)
Seine erste Goldmedaille gewann er bereits mit 17 Jahren. Er ist Italiens erfolgreichster Olympiateilnehmer aller Zeiten.

8 **Takashi Ono** • Japan
Kunstturner • **13** (**5** Gold, **4** Silber, **4** Bronze)
Takashi Ono wurde 1998 in die International Gymnastics Hall Of Fame (Ruhmeshalle und Museum, USA) aufgenommen.

9 **Paavo Nurmi** • Finnland
Läufer • **12** (**9** Gold, **3** Silber)
1924 war Paavo Nurmi der erste Sportler, der bei Olympischen Spielen 5 Goldmedaillen auf einmal gewann.

10 **Birgit Fischer** • DDR (Deutschland)
Kanutin • **12** (**8** Gold, **4** Silber)
Die Kajak-Weltmeisterin Birgit Fischer ist die einzige Frau, die über einen Zeitraum von 20 Jahren Olympiamedaillen errang.

10 **Bjørn Dæhlie** • Norwegen
Langläufer • **12** (**8** Gold, **4** Silber)
Der „Rocketman" hat die meisten Medaillen, die je im Langlauf bei Olympischen Spielen gewonnen wurden.

Das geschriebene

WORT

Mit Worten teilen wir untereinander Ideen und Geschichten oder geben Informationen weiter. Wir veröffentlichen sie auf viele Weise, etwa als Gedichte und Bücher, aber auch in Zeitungen, Zeitschriften und Online-Formaten.

PAPIER stellte erstmals ein Hofbeamter in China her: **105 v. Chr.**

Die Britin **Mary Shelley** war erst **19 JAHRE ALT**, als sie *Frankenstein* schrieb (**1817**), einen der ersten **SCIENCE-FICTION**-Romane.

Der Unternehmer Bill Gates (USA) zahlte **30 802 500 $** für Leonardo da Vincis ***CODEX LEICESTER*** (72 Seiten) – der **TEUERSTE BUCHKAUF** der Welt.

Der indische Autor Vickrant Mahajan signierte **6904** Exemplare seines Buches ***YES THANK YOU UNIVERSE*** **(2016)** – der Rekord für die **MEISTEN SIGNIERTEN BÜCHER** bei einer Lesung.

Im japanischen **Haiku-Gedicht** werden **17 Silben** auf **3 ZEILEN** zu je **5, 7** und **5 SILBEN** angeordnet.

Der Autor Theodor Geisel (USA), bekannt als **Dr. Seuss**, benutzte wegen einer Wette in dem 225 Wörter langen Text *Green Eggs and Ham* nur **50 VERSCHIEDENE WÖRTER**. Er gewann **50 $**.

Im Buchladen Morioka Shoten **(Ginza, Tokio)** gibt es **PRO WOCHE NUR EINEN TITEL**.

1901 druckte **Beatrix Potter** (GB) nur

250 Exemplare

ihres Buchs *Die Geschichte von Peter Hase.* Seither wurden

45 000 000 Exemplare

verkauft.

Ein **LIMERICK** hat

5 ZEILEN

Die **1.**, **2.** und **5. ZEILE** müssen sich reimen.

Das kleinste Buch der Welt, *Teeny Ted from Turnip Town*, misst

0,07 mm × 0,10 mm

und hat

30 SEITEN,

die man nur mit einem starken **RASTERELEKTRONENMIKROSKOP** lesen kann.

---

86 % der Erwachsenen weltweit können **LESEN UND SCHREIBEN**. **1960** waren es nur **42 %**.

Die Sumerer ritzten das **GILGAMESCH-EPOS** in **TONTAFELN** – vor etwa

4000 JAHREN.

3000 Kopien

der **KLEINSTEN ZEITUNG** der Welt wurden in Portugal gedruckt (2012). Jede wog nicht mehr als **1 g**.

Die **KONGRESS-BIBLIOTHEK (USA)** nimmt täglich rund

10 000 neue Werke

in ihre Sammlung auf.

Eine wandernde **KAMEL-BÜCHEREI** in Äthiopien bringt

200 Bücher

mit

21 Kamelen

zu Kindern in **33 ABGELEGENEN DÖRFERN**.

Mehr als

500 Mio.

Exemplare von **HARRY-POTTER-BÜCHERN** wurden weltweit verkauft. Würde man sie **ANEINANDERLEGEN**, würde dieses Band mehr als

16-MAL DIE ERDE UMRUNDEN.

Die längste je gemessene **Bücherzeile** war **6139,41 m** lang.

Leckeres

ESSEN

Menschen brauchen Nahrung zum Überleben, außerdem genießen wir gutes Essen auch. Von Pizzas mit saftigem Belag bis zu süßen Nachspeisen haben wir viele Tausend Gerichte erfunden, damit das Essen ein Vergnügen wird.

2012 bedeckte die **GRÖSSTE PIZZA DER WELT** eine Fläche von

1261,65 m^2.

Damit war sie rund **2,5-MAL** so groß wie ein Basketballfeld.

Man braucht etwa

140 000

zerquetschte Schildläuse für **1 kg**

E 120 (Karminrot)

zum Färben von Marmelade, Süßigkeiten und anderen Lebensmitteln.

2019

wurde in der Stadt Chécy (Frankreich) der größte **OBSTSALAT** aufgetischt. Er wog

10 340 kg.

Etwa

2500 Liter

WASSER braucht man zum Anbau von

1 kg Reis.

Die **DURIAN-FRUCHT STINKT** so sehr, dass man in der U-Bahn von Singapur **500** Dollar Strafe zahlt, wenn man eine dabeihat.

DIE LÄNGSTE KAROTTE aller Zeiten war **6,25 m** lang.

2019 brach **LA CASA GELATO** in Vancouver (Kanada) alle Rekorde mit **EISCREME** in **238 Sorten**, darunter Curry, gerösteter Knoblauch und Schokolade-Schinken.

Etwa **3500** Köche und **21 870** Kellner kochten und servierten beim Bürgermeister-Bankett in Paris (Frankreich) mit **22 295** Gästen **(1900)**.

Den Weltrekord für die **MEISTEN TOMATEN** an einem Strauch hält mit **1355** der pensionierte Landwirt Surjit Singh Kainth (Großbritannien, **2013**).

Man braucht etwa **10 Liter KUHMILCH**, um **1 kg** Käse herzustellen.

106 420 000 000 Portionen **INSTANT-NUDELN** wurden im Jahr **2019** weltweit verzehrt.

Das älteste bekannte **KOCHBUCH** ist etwa **3700 JAHRE ALT**. Es ist eine Sammlung von **25 EINTOPF-REZEPTEN** auf **3 MESOPOTAMISCHEN TONTAFELN**.

Das finnische Restaurant **KUAPPI** ist das **KLEINSTE** Restaurant der Welt. Es hat nur Platz für **1 TISCH FÜR 2 PERSONEN**.

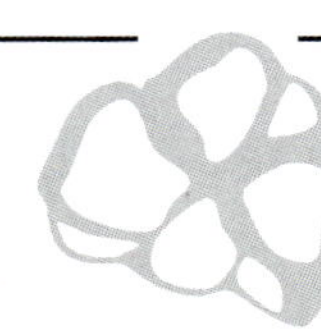

WEISSE TRÜFFEL sind die teuersten essbaren **PILZE**. Einige kosten rund **2640 € PRO KILO**.

14 % aller Nahrungsmittel **VERDERBEN** nach der Ernte, noch bevor sie in den Verkauf kommen.

Knapp **46 000 000 TRUTHÄHNE** werden in den USA an dem Feiertag **THANKSGIVING** verzehrt.

Bis zu **500** Alke werden in Robbenhaut eingenäht und **3–18 Monate** gelagert. So macht man in Grönland **KIVIAK**.

165 000 SAFRANKROKUSSE braucht man für **1 kg SAFRANGEWÜRZ**.

2 Schildkröten kreisten als **ERSTE LEBEWESEN** um **DEN MOND** – an Bord der Raumsonde **ZOND 5** (1968).

EIN KATZENSKELETT hat **244 Knochen**, **38** mehr als das Skelett eines erwachsenen Menschen.

Der Boxer-Hund Brandy hatte die **LÄNGSTE ZUNGE**. Mit **43 cm** war sie so lang wie **2 KLEINE HUNDE**.

Es gibt nur noch **3900 TIGER** in der **WILDNIS**, aber mehr als **5000** Tiger werden in den USA als „Haustiere“ gehalten.

2019 gab es in **ITALIEN** **12 880 000 Vögel** als Haustiere – mehr als in jedem anderen Land in Europa.

Haus-TIERE

Menschen halten seit Jahrtausenden Tiere, auch, weil sie ihre Gesellschaft schätzen. Hunde waren wohl die ersten Haustiere, aber mittlerweile leben Hunderte anderer Tiere mit Menschen zusammen.

KATZEN nehmen **TÖNE** wahr, die mehr als **3-MAL HÖHER** sind als die, die Menschen hören können.

Die Rettungskatze **NALA** hat auf Instagram **4,3 MIO.** Follower.

GUNTHER IV., ein **DEUTSCHER SCHÄFERHUND**, besitzt ein Vermögen von etwa **400 Mio. €**, weil sein Vater **1992** das gesamte Vermögen der Gräfin Karlotta Liebenstein erbte.

Viele glauben, dass **GOLDFISCHE** nur ein **3-SEKUNDEN-GEDÄCHTNIS** haben, aber Experimente zeigen, dass sie sich länger erinnern: **5 Monate**.

1989 brach der Mastiff Zorba seinen eigenen Rekord als **SCHWERSTER HUND**. Er wog **155,6 kg**, mehr als **2 ERWACHSENE MENSCHEN**.

Es gibt **24 ARTEN** von **HAMSTERN**, aber **NUR 5** werden als Haustiere gehalten.

99,5 cm ist der **HÖCHSTE SPRUNG** eines Hasen. Der Rekord wurde 1997 aufgestellt.

2011 surfte der Kelpie Abbie Girl eine **107,2 m** lange **WELLE** bei San Diego (Kalifornien, USA).

Der Wellensittich Puck konnte **1728 WÖRTER** sagen – mehr als jeder andere Vogel bisher.

WELLENSITTICHE haben bis zu **3000 FEDERN.**

21 Mrd. € wurden 2019 in Europa für **TIERFUTTER** ausgegeben.

DIE ZÄHNE VON KANINCHEN wachsen immer weiter – etwa **12 cm** pro Jahr.

In Russland gibt es **22,8 Mio.** Hauskatzen.

In **FRANKREICH** werden etwa **2,2 Mio. REPTILIEN** als Haustiere gehalten – mehr als in jedem anderen EU-Land.

GESCHICHTE

Das alte

ÄGYPTEN

Das alte Ägypten an den Ufern des Nils war beinahe 3000 Jahre lang die am höchsten entwickelte Kultur der Welt. Das Land wurde von Pharaonen und Pharaoninnen regiert und das Volk sah in ihnen die Verbindung zwischen Menschen und Göttern.

Die **ALTEN ÄGYPTER** verehrten mehr als **2000 verschiedene Götter**.

Eine **WOCHE** dauerte **10 TAGE**.

Der Vorgang der **MUMIFIZIERUNG** zur Konservierung der **Leichen** dauerte etwa **70 TAGE**.

ÄGYPTISCHE BAUERN beachteten bei der Feldarbeit **3 Jahreszeiten**: **ACHET** (Überflutung), **PERET** (Wachstum) und **SCHEMU** (Ernte).

11 PHARAONEN nahmen den Namen **RAMSES** an. Er bedeutet **„AUS DEM SONNENGOTT RA GEBOREN"**.

Katzen waren dem **KATZENGOTT BASTET** heilig und wurden oft mumifiziert. In einem **GRAB** fand man mehr als **80 000 KATZENMUMIEN**.

TUTANCHAMUN war erst **8** oder **9** Jahre alt, als er **PHARAO** wurde. Er starb im Alter von **19** Jahren.

Die Ägypter glaubten, der Mensch brauche **MAGEN**, **LEBER**, **DARM UND LUNGE** für das **LEBEN NACH DEM TOD**. Sie wurden bei der Mumifizierung **HERAUSGENOMMEN** und in **4 KANOPEN** (Gefäßen) aufbewahrt.

Die **Große Sphinx** von Giseh ist die Statue eines **LÖWEN** mit **MENSCHENKOPF**.

Sie ist **73 m** lang und **20 m** hoch.

Tutanchamun lag in **3 SÄRGEN**, die ineinandergestellt waren. Der innerste Sarg besteht aus Gold und wiegt **110 kg**.

Die ägyptische **Hieroglyphenschrift** umfasst etwa **700** verschiedene **BILDER UND SYMBOLE**.

Ein altägyptischer **MEDIZINISCHER TEXT** enthält rund **700 Zaubersprüche und Heilmittel**.

Diese Figur eines Wächters aus vergoldetem Holz ist eines der **5000 Objekte** aus dem Grab des jungen Pharao **Tutanchamun**.

EINES DER GRÖSSTEN BAUWERKE auf Erden, die **CHEOPS-PYRAMIDE**, bedeckt eine Fläche von etwa **200 Tennisplätzen**.

Unter **TUTANCHAMUNS GRABBEIGABEN** waren ein Streitwagen, **130** Gehstöcke, eine Kiste voll Boomerangs und **2** Trompeten.

Circus Maximus,

eine Rennstrecke für Streitwagen in Rom, war **568 m** lang und hatte Sitzplätze für

250 000 Zuschauer.

Die **RÖMER** bauten mehr als **400 000 km STRASSEN. 80 000 km** davon waren **GEPFLASTERT.**

Die **GRÖSSTEN GALEEREN** waren **55 m** lang, beförderten

120 Soldaten

und wurden angetrieben von

300 Ruderern.

Der **WESTLICHE TEIL** des Römischen Reichs fiel im Jahr **476 n. Chr.** an **GERMANISCHE VÖLKER**, aber das **OSTRÖMISCHE REICH** bestand noch **977 JAHRE.**

In der römischen Mythologie bewacht der **3-KÖPFIGE HUND**

CERBERUS

den Eingang zur **UNTERWELT.**

EINE LEGION Soldaten bestand aus rund

6000

Männern.

Fußsoldaten

wurden Legionäre genannt.
8 LEGIONÄRE bildeten ein Contubernium.
10 CONTUBERNIA bildeten eine Zenturie.
6 ZENTURIEN waren in der Regel eine Kohorte.
10 KOHORTEN bildeten eine Legion.

Das alte ROM

Mithilfe ihrer sehr starken Armee eroberten die alten Römer ein riesiges Weltreich, das von Großbritannien im Norden bis Ägypten im Süden reichte. Im 2. Jahrhundert n. Chr., als es am größten war, erstreckte es sich von Ost nach West über 4000 Kilometer.

Der Legende nach wurde Rom im Jahr **753 v. Chr.** von den Zwillingsbrüdern **ROMULUS UND REMUS GEGRÜNDET**, die von einer **WÖLFIN** großgezogen wurden.

ROM war wahrscheinlich die erste Stadt, die **1 000 000** Einwohner hatte.

Von **193** bis **476 n. Chr.** wurden **32** der **59 RÖMISCHEN KAISER** ermordet.

Julius Cäsar **VERLÄNGERTE** das Jahr **46 v. Chr.**, sodass es **445 TAGE** dauerte. So brachte er den neuen Kalender in Einklang mit dem **SONNENSTAND**.

Als das **RÖMISCHE REICH** am größten war, hatte es eine **BEVÖLKERUNG** von **65 Mio.** Menschen.

Ein römischer Legionär musste bis zu **30 km** pro Tag **MARSCHIEREN**. Dabei trug er ein Langschwert, einen Speer und bis zu **40 kg** Ausrüstung.

Die riesigen CARACALLA-BÄDER in Rom hatten **50 BRENNÖFEN**, in denen täglich mehr als **8 Tonnen** Holz verbrannt wurden.

Das **KOLOSSEUM** in Rom eröffnete im Jahr **80** mit **100**-tägigen Spielen.

Die **3** höchsten **GÖTTER ROMS** waren **JUPITER**, der Herrscher des Himmels, **JUNO**, die Göttin der Frauen, und **MINERVA**, die Göttin der Weisheit.

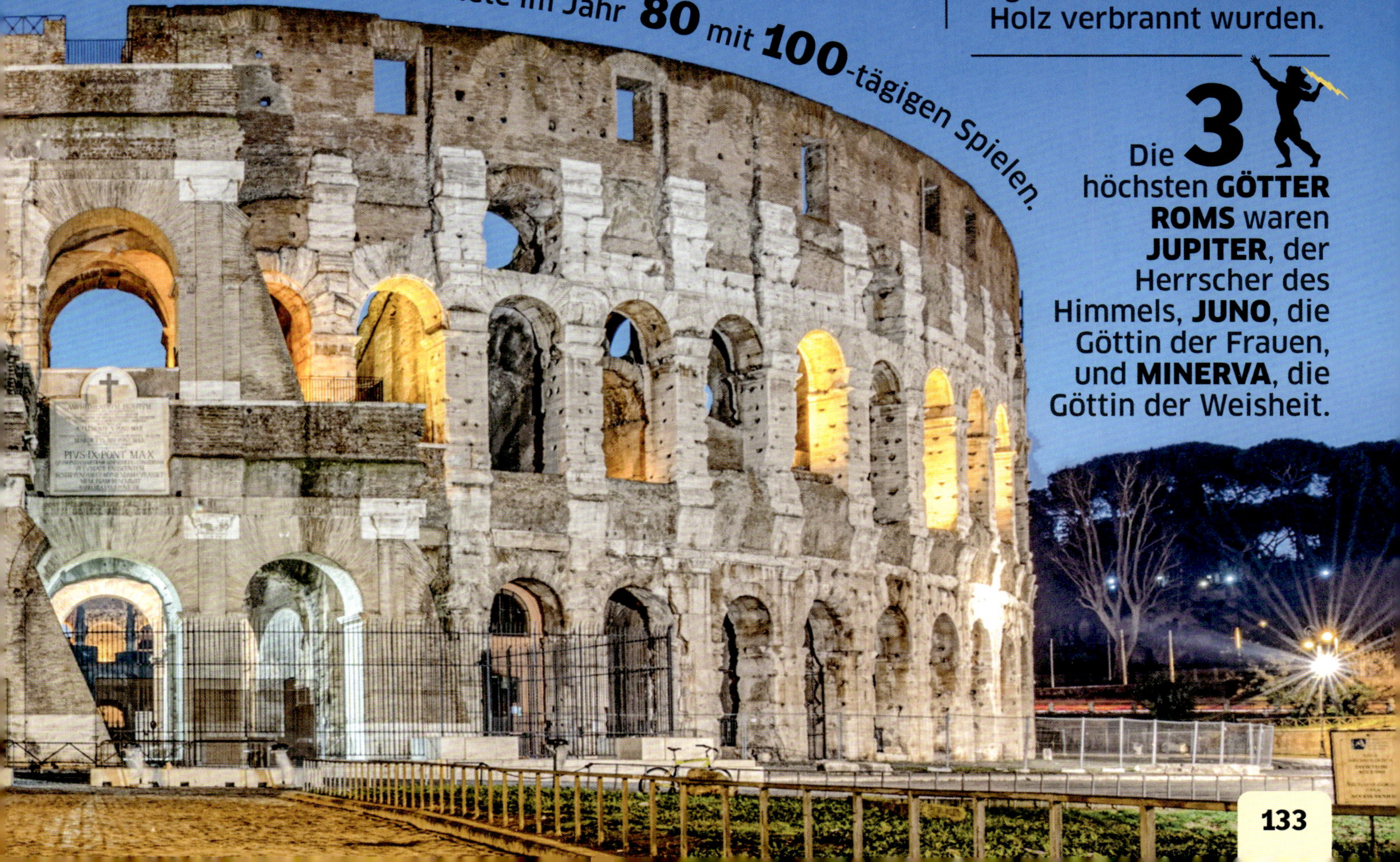

Kaiserzeit in CHINA

China war in viele Königreiche zersplittert, die sich bekriegten, bis der erste Kaiser, Qin Shihuang, das Land im Jahr 221 v. Chr. vereinigte. Das Kaiserreich bestand fast 2000 Jahre. 1912 zwang eine Revolution den letzten Kaiser zur Abdankung.

Die **13-STÖCKIGE** Pagode von Kaifeng überstand **38 ERDBEBEN, HAGEL, STÜRME** und **16 ÜBERFLUTUNGEN** seit ihrem Bau im Jahr **1049 n. Chr.**

Die einzige **KAISERIN** in der Geschichte Chinas – **Wu Zetian** – regierte **15 Jahre** von **690–705 n. Chr.**

Admiral Zheng He unternahm **7 SEEREISEN**. Die erste **(1405)** umfasste **62** riesige **„SCHATZSCHIFFE“** und **27 800 MÄNNER** und ging bis nach Vietnam, Indien und Sri Lanka.

1908 wurde **Puyi** der **LETZTE KAISER** von China. Er war **2 JAHRE ALT**.

Das **GRAB** von Kaiser Qin Shihuang wurde von **210–209 v. Chr.** erbaut und blieb **2180 JAHRE** unter der Erde verborgen, bis Bauern, die einen Brunnen gruben, es **1974** fanden.

Teile der **Großen Mauer** sind bis zu **8 m** hoch und **7,5 m** dick.

Kaiser Qianlong (1711–1799) verfasste in seinem Leben über **42 000 GEDICHTE**

Die **GROSSE MAUER** wurde zwischen dem **3. Jh. v. Chr.** und dem **17. Jh. n. Chr.** erbaut. Das ganze System ist insgesamt **21 196 km** lang.

Der **1794 km** lange **KAISERKANAL** (auch: Jing-Hang-Kanal) ist die **LÄNGSTE KÜNSTLICHE WASSERSTRASSE DER WELT**.

SCHIESSPULVER (damals Schwarzpulver) wurde im **9. JH.** in China **ERFUNDEN**. Es wurde aus **3 ZUTATEN** gemischt: Holzkohle, Schwefel und Salpeter (Kaliumnitrat).

Der Palastkomplex der **VERBOTENEN STADT** in Peking bedeckt eine Fläche von **720 000 m²** und ist damit etwa **9,5-mal** so groß wie der Londoner **BUCKINGHAM-PALAST**.

Von 742–1100 verdoppelte sich die **BEVÖLKERUNG** Chinas auf mehr als **100 Mio. MENSCHEN**. Es war das bevölkerungsreichste Land der Welt.

1403 wurde zur Dokumentation des traditionellen Wissens die **YONGLE-ENZYKLOPÄDIE** in Auftrag gegeben. Sie war 1408 fertig und hatte **11 095 BÄNDE** mit **22 877 KAPITELN**.

Papier wurde in China 1000 JAHRE früher erfunden als in Europa.

Die von mehr als **1 000 000 Arbeitern** erbaute **VERBOTENE STADT** umfasst **980 GEBÄUDE** und ist von einem **52 m** breiten **GRABEN** umgeben.

Kaiser **Kangxi** aus der Qing-Dynastie regierte **61 JAHRE**, die **LÄNGSTE REGIERUNGSZEIT** eines chinesischen Kaisers.

Zu der in der Grabkammer des Kaisers Qin Shihuang entdeckten **TERRAKOTTA-ARMEE** gehören mehr als **8000 LEBENSGROSSE TONSOLDATEN, PFERDE UND STREITWAGEN**.

Die Azteken benutzten
KAKAOBOHNEN
als **WÄHRUNG**.
Ein Hase kostete etwa
10 Bohnen
UND EIN ESEL ETWA 50.

Die Hauptstadt des Azteken-Reichs war **TENOCHTITLAN**. Sie wurde **1325** gegründet und bedeckte rund

13 km².

Der **TEMPEL** im Zentrum von Tenochtitlan wurde für **GÖTTEROPFER** benutzt. Er war **60 m** hoch, das ist so hoch wie **14 DOPPEL-DECKER-BUSSE**.

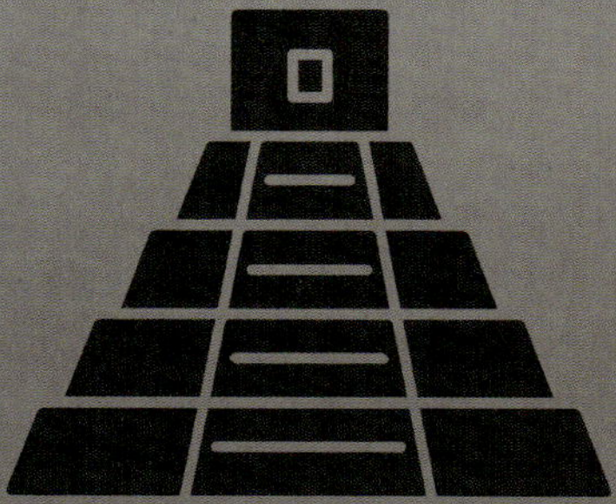

1521 wurde Tenochtitlan von den spanischen Eroberern

117 TAGE BELAGERT.

Sie **ZERSTÖRTEN** einen Großteil der Stadt, bevor sich die Azteken ergaben.

Die Azteken **ZÄHLTEN IN 20er-SCHRITTEN**. Sie stellten die Zahlen von **1** bis **19** mit Punkten und Strichen dar und verwendeten eine **FLAGGE** für **20**. Für die Zahl

400

war eine **FEDER** das Symbol.

Die **AZTEKEN** verehrten mehr als

200 GÖTTER UND GÖTTINNEN.

Im Jahr **1500** hatte Tenochtitlan etwa **200 000 EINWOHNER** – mehr als **3-MAL SO VIEL** wie das damalige London.

Diese **MASKE** von **XIUHTECUHTLI**, dem **aztekischen Feuergott**, besteht aus **TAUSENDEN** von **TÜRKISEN** und **7 MUSCHELZÄHNEN**.

AZTEKEN UND INKA

Im 14. und 15. Jahrhundert blühte in Mittelamerika das Reich der Azteken, während sich in den Anden das Inka-Reich über 4000 Kilometer erstreckte. Beide Hochkulturen wurden durch die Ankunft spanischer Eroberer ab 1521 zerstört.

Zur Zeit der größten Ausdehnung um **1520** bedeckte das **REICH DER INKA** eine Fläche von rund **2 000 000 km²** (knapp **6-MAL** so groß wie Deutschland).

Das im 15. Jh. erbaute **Machu Picchu** ist eine Ruinenstadt der Inka mit etwa **200 GEBÄUDEN** und mehr als **3000 STEINSTUFEN**.

Das **INKA-REICH** hatte auf dem Höhepunkt eine Bevölkerung von etwa **12 Mio.**

Als Verbindungswege in ihrem **RIESENREICH** bauten die **INKA** mehr als **39 000 km Straßen**.

Etwa **80 %** der **INDIGENEN MENSCHEN STARBEN** an **KRANKHEITEN** aus **EUROPA**, darunter Pocken, gegen die sie **KEINE ABWEHRSTOFFE** hatten.

Schlösser und

BURGEN

Überall auf der Welt wurden hoch oben auf Bergen und Hügeln Festungen und Zitadellen aus Stein, Ziegeln oder Holz gebaut, um Siedlungen und die Umgebung vor Angriffen zu schützen. Dort lebten meist höherstehende Personen wie Könige oder Adlige.

Seit 1707 werden in dem Graben um das **800 JAHRE ALTE SCHLOSS KRUMAU** (Tschechische Republik) **BÄREN** gehalten.

SCHLOSS MOSCHEN in Polen hat stolze **365 ZIMMER** und **99 TÜRME**.

Die Burg **HARLECH CASTLE** in Wales wurde **7 JAHRE BELAGERT** (1461–1468), ehe sich die **50 MANN** der Armee von König Eduard IV. mit **10 000** Soldaten ergaben.

ALNWICK CASTLE in Nordengland ist in **41 FERNSEH- UND KINOFILMEN** zu sehen. Es war auch das **SCHLOSS HOGWARTS** in den ersten **2 HARRY-POTTER-FILMEN**.

Die **TEMPELFESTUNG** Ishiyama Hongan-ji (Japan) hielt einer **BELAGERUNG** über **10 JAHRE** stand (1570–1580).

Das **1679** fertiggestellte, 5-eckige **CASTLE OF GOOD HOPE** („Burg der Guten Hoffnung“, Südafrika) hat eine **ALARMGLOCKE**, die **10 km weit** zu hören ist.

1920 entdeckte man bei der Renovierung von **SCHLOSS BRAN** (Rumänien) hinter einem Kamin einen **GEHEIMGANG**, der **532 JAHRE VERGESSEN** gewesen war.

Schloss Windsor ist seit über **950 JAHREN** der Wohnsitz der **BRITISCHEN KÖNIGSFAMILIE**. Es hat mehr als **1000 ZIMMER** und **300 OFFENE KAMINE**.

Die **FESTUNG CHITTORGARH** in **INDIEN** hatte **84 BRUNNEN ODER BECKEN** mit bis zu **4 000 000 000 Litern WASSER**, sodass die Bewohner **LANGE BELAGERUNGEN** überstehen konnten.

MEHR ALS 16 000 000 ZIEGEL wurden für **FORT JEFFERSON** auf den Florida Keys (USA) verbaut. Der Bau dauerte **30 JAHRE**, wurde aber weder **FERTIGGESTELLT** noch **BEWAFFNET**.

Die **GRÖSSTE BURG** der **WELT** ist die **MARIENBURG** in **POLEN**. Sie stammt aus dem 13. Jh. und erstreckt sich über **21 Hektar** Land. Früher lebten hier etwa **3000 RITTER**.

Die **Höhlenburg Lueg** in Slowenien liegt in einer **14 km** langen **HÖHLE** auf halber Höhe einer **123 m** hohen **KLIPPE**.

Die **FESTUNG KUMBHALGARH** hat **36 km** lange und **5 m** dicke Mauern und damit die **LÄNGSTE FESTUNGSMAUER** der Welt.

23 BELAGERUNGSVERSUCHE gab es am **EDINBURGH CASTLE** (Schottland). Beim **KÜRZESTEN** wurde die Burg in **30 Minuten** erobert **(1639)**.

Obwohl sie weder Räder noch Kräne oder Eisenwerkzeuge hatten, schlugen und transportierten die **INKA** mehr als **100 Tonnen** schwere Steinblöcke für die Festung **Sacsayhuaman** (Peru, 15. Jh.).

Es gibt mehr als **2400** ***SANSEONG***, das sind alte Bergfestungen, in **KOREA**.

Die **Burg Himeji** in **JAPAN** hat mehr als **80 GEBÄUDE** und einen **46 m** hohen Turm.

1869 begannen die Bauarbeiten an **SCHLOSS NEUSCHWANSTEIN** (Deutschland). Es war das erste Schloss mit **ZENTRALHEIZUNG, TELEFON UND STROMERZEUGER**.

Im **8. Jh.** expandierten die frühen islamischen Staaten und bildeten eines der **GRÖSSTEN REICHE** in der Geschichte mit einer Ausdehnung von über **8000 km**.

Ab dem Jahr **610** enthüllte der Erzengel Gabriel über einen Zeitraum von **22 JAHREN** dem **Propheten Mohammed** den **KORAN**, die heilige Schrift des Islam. Der Koran umfasst **114 SUREN** (Kapitel).

Az-Zahrawi verfasste das **MEDIZINISCHE WERK *AL-TASRĪF*** (*Die Methode*) um das **JAHR 1000**. Es hatte **30 Bände** und er zeichnete und beschrieb darin auch etwa **200 CHIRURGISCHE INSTRUMENTE**.

Das **OSMANISCHE REICH** entstand 1299 in der heutigen Türkei und existierte **623 Jahre**.

1453 eroberte Sultan **Mehmed II.** die Stadt **Konstantinopel** nach **55 TAGEN BELAGERUNG**. Sie hieß von da an Istanbul und wurde die Hauptstadt des **Osmanischen Reichs**.

Die **BIBLIOTHEK** des **KALIFATS VON CORDOBA** (Spanien) beherbergte mehr als **400 000 Bücher**.

1590 verlegte Schah Abbas I. die **HAUPTSTADT DES SAFAWIDEN-REICHS** nach Isfahan (heute Iran). Die Stadt hatte **162 MOSCHEEN**, **48 SCHULEN** und mehr als **250 BADEHÄUSER**.

SULTAN-AHMED-MOSCHEE mit **9 Kuppeln** und **6 Minaretten**

Die **SULTAN-AHMED-MOSCHEE** in Istanbul ist innen mit mehr als **20 000 TÜRKISEN KACHELN** verziert und heißt daher auch **BLAUE MOSCHEE**.

Das **DARDANELLENGESCHÜTZ** wurde 1464 gebaut. Die riesige Kanone wog **16,8 Tonnen** und **FEUERTE STEINKUGELN** mit bis zu **63 cm DURCHMESSER**.

Ismail I. war erst **14 JAHRE ALT**, als er zum Schah (König) von Persien (heute Iran) ausgerufen wurde (1501). Er war der **ERSTE HERRSCHER DER Safawiden-Dynastie**.

Die Welt des ISLAM

Ab dem 7. Jahrhundert verbreitete sich der Islam aus dem Nahen Osten bis in Teile von Europa, Afrika und Asien. Muslimische Armeen eroberten weite Gebiete und es erwuchsen Reiche, in denen Wissenschaft, Kunst und Architektur eine Blütezeit erlebten.

Sultan Murad II. dankte im Jahr **1444** ab und ernannte seinen Sohn **Mehmed II.**, **DER ERST 12 JAHRE** alt war, zum neuen Herrscher.

HALBMOND UND STERN dienten den Türken im 15. Jh. als Symbol und wurden danach zum Symbol des Islam. Die **5 ZACKEN DES STERNS** stehen für die 5 Pflichten im Islam: die **Fünf Säulen**.

Als er 1595 an die Macht kam, ließ **Mehmed III.** alle seine **19 BRÜDER HINRICHTEN**, damit sie ihn nicht stürzen konnten.

SÜLEIMAN DER PRÄCHTIGE, der am längsten regierende osmanische Sultan, herrschte **45 JAHRE UND 11 MONATE**. Sein Tod im Jahr **1566** wurde **48 TAGE** vor seinen Soldaten geheim gehalten.

Etwa 900 Gärtner pflegten die **12 GÄRTEN** rund um den **Topkapi-Palast**, die **HAUPTRESIDENZ** der osmanischen Herrscher im heutigen Istanbul.

36 SULTANE regierten das Osmanische Reich, von **Osman I.** bis **Mehmed VI.**

Mittelalterliche Reiche in

AFRIKA

In Afrika gab es während seiner langen und wechselhaften Geschichte zahlreiche Königreiche und Imperien. Viele dieser Reiche im mittelalterlichen Afrika mehrten ihren Wohlstand durch Handel und dehnten ihren Einfluss über weite Teile des Kontinents und sogar darüber hinaus aus.

Eine **2,7 m** hohe Statue in Baghai (Khenchela, Algerien) erinnert an **Dihya**, die **Kriegerkönigin** eines Berberstamms, die im **7. Jh.** arabische Invasoren **BEKÄMPFTE UND BESIEGTE**.

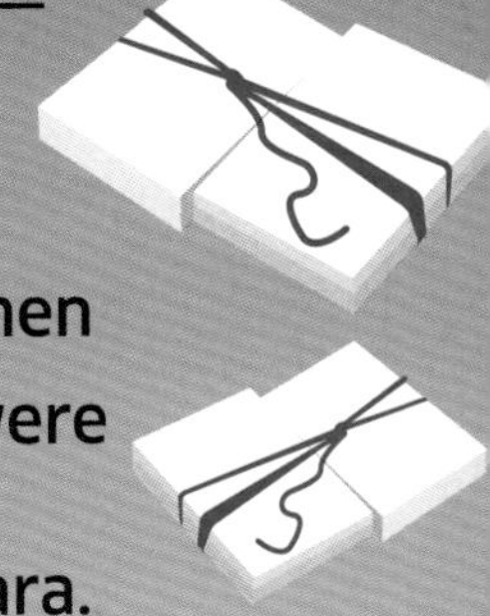

Im Mittelalter beförderten Kamelkarawanen **90 kg** schwere **SALZBLÖCKE** durch die Sahara.

Ungefähr **1 Million Steine** wurden gebraucht, um die **GROSSE EINFRIEDUNG** in der Stadt Groß-Simbabwe zu errichten.

Mansa Musa, von 1312–1337 der Herrscher des **MALI-REICHS**, gilt als **REICHSTER MENSCH ALLER ZEITEN**. Sein **VERMÖGEN** aus dem **GOLD- UND SALZHANDEL** wäre heute **400 Mrd. $** wert.

Auf der **PILGERFAHRT NACH MEKKA** (1324) zählte Mansa Musas Karawane **60 000 PERSONEN** und **80 KAMELE**. Jedes war mit bis zu **136 kg GOLD** beladen.

Am Ende von **Sonni Alis** Herrschaft von **1464–1492** war das **SONGHAI-REICH** auf mehr als **1 400 000 km²** angewachsen.

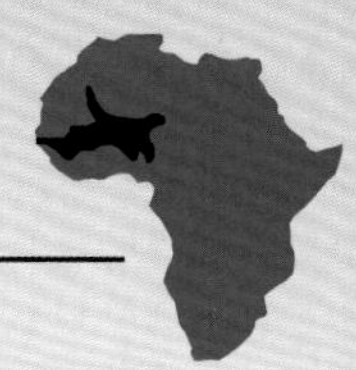

Im **15. Jh.** hatte die **SANKORÉ-UNIVERSITÄT** in Timbuktu (heute Mali) **25 000 STUDENTEN**.

Die **3 TÜRME** der Großen Moschee in Djenné haben auf der Spitze ein **STRAUSSENEI** als Symbol der **FRUCHTBARKEIT**.

Die **40–60 cm** dicken **MAUERN** der Großen Moschee von Djenné (Mali) sind aus **Lehmziegeln** gebaut.

Mit ihren **400 000–700 000** Büchern hatte die Sankoré-Universität die **GRÖSSTE SCHRIFTENSAMMLUNG** in Afrika im **14.–15. Jh.**

18 Bronzeköpfe wurden **1938** in Nigeria entdeckt. Sie stammen vom **Volk der Yoruba** aus dem **12.–15. JH.** und stellen **Könige** und andere bedeutende Persönlichkeiten dar.

Oba Ozolua (1483–1514), der zweite der **5 KRIEGER-KÖNIGE** des Königreichs Benin, siegte angeblich in **200 SCHLACHTEN**.

Der Legende nach verteilte **Askia der Große** (1443–1538) auf der **PILGERFAHRT NACH MEKKA** etwa **100 000 GOLD-STÜCKE** an die Armen.

Ein Erdwall, der etwa **1460** fertiggestellt wurde, schützte das **KÖNIGREICH BENIN** auf **16 000 km**.

TOP 10 der längsten Regierungszeiten

1 Ludwig XIV. • Frankreich
72 Jahre • 1643–1715
Der 1638 geborene Ludwig XIV. war erst 4 Jahre alt, als er nach seinem Vater, Ludwig XIII., den französischen Thron bestieg. Er ist auch als „Sonnenkönig" bekannt und regierte als absoluter Herrscher mit unbeschränkter Macht.

2 Bhumibol Adulyadej • Thailand
70 Jahre • 1946–2016
Bhumibol war ein beliebter, moderner König. Er wurde von 30 Premierministern unterstützt und starb im Alter von 88 Jahren.

3 Fürst Johann II. • Liechtenstein
70 Jahre • 1858–1929
Johann war ein ruhiger Fürst, der die Kunst liebte. Er wurde „Johann der Gute" genannt, weil er auch sehr wohltätig war.

4 Königin Elisabeth II. • Vereinigtes Königreich und Commonwealth
70 Jahre • 1952–2022
Elisabeth II. war die am längsten regierende Königin. Sie war nicht nur Staatsoberhaupt von Großbritannien, sondern auch von 15 Commonwealth-Staaten.

5 K'inich Janaab' Pakal • König des Maya-Stadtstaats Palenque
68 Jahre • 615–683
Er bestieg den Thron im Alter von 12 Jahren und regierte die Stadt Palenque (heute in Mexiko). Sie wurde unter ihm sehr einflussreich.

6 Franz Joseph I. • Kaiser von Österreich (ab 1848) und König von Ungarn (ab 1867) • **67 Jahre** • 1848–1916
Kaiser Franz Joseph war Zeitzeuge wichtiger politischer Ereignisse in Europa, darunter der Beginn des Ersten Weltkriegs.

7 Konstantin VIII. • Byzantinisches Reich (Mitkaiser)
66 Jahre • 962–1028
Nachdem Konstantin meist gemeinsam mit Verwandten regiert hatte, war er am Ende noch drei Jahre lang alleiniger Kaiser.

8 Ramses II. • Ägypten
66 Jahre • 1279–1213 v.Chr.
Er ist als Ramses der Große bekannt und ließ mehr Bauwerke errichten als jeder andere Pharao, darunter den Tempel von Abu Simbel.

9 Basileios II. • Byzantinisches Reich (Mitkaiser)
65 Jahre • 960–1025
Basileios war ein guter Militärstratege und Verwalter. Er regierte während des Goldenen Zeitalters des Byzantinischen Reichs.

10 Ferdinand I. König beider Sizilien • Königreich Sizilien
65 Jahre • 1759–1825
Ferdinand regierte die Königreiche Neapel und Sizilien. Er erlebte während seiner Regentschaft Kriege, Revolutionen und Aufstände.

Diese Liste umfasst nur Herrscher unabhängiger Staaten. Pharao Pepi II. von Ägypten wurde nicht aufgenommen, weil die Daten seiner Regentschaft umstritten sind.

Wechselnde

MODEN

Vom Korsett bis zur Krawatte und vom Gürtel bis zu Gamaschen – im Lauf der Zeit entwickelten sich immer wieder wunderliche Kleidungsstile, dann aber auch wieder sehr praktische. Über Mode können Menschen ihre Identität ausdrücken, ihren gesellschaftlichen Status zeigen und sogar Politik betreiben.

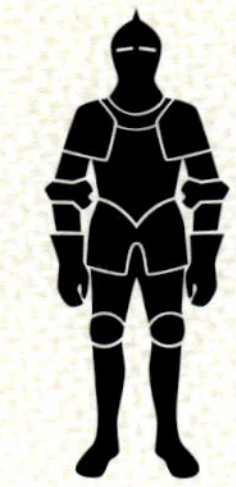

Eine metallene **RÜSTUNG** im Mittelalter wog **25–30 kg**, das ist etwa so viel wie **2 GOLD-BARREN**.

Sie waren im 14. und 15. Jh. sehr beliebt: Die **SPITZEN** von **SCHNABEL-SCHUHEN** waren bis zu **24 cm** lang.

MARIE ANTOINETTE (Königin von Frankreich, 1755–1783) ließ **300 KLEIDER PRO JAHR** für sich anfertigen.

Der hohe, spitze **HENNIN** (eine Haube, 15. Jh., Europa) war etwa **1 m** lang.

Im Römischen Reich wurden **TOGAS** aus halbkreisförmigen Stoffstücken gemacht, die etwa **5,5 m** lang und **2,75 m** breit waren.

1873 patentierten **Jacob W. Davis** und **Levi Strauss** die **BLUE DENIM JEANS** als Arbeitshose für **BERGLEUTE**. Die **ERSTE HOSE** wurde für **GOLDSTAUB** im Wert von **6 $** verkauft.

VOR 5000 Jahren RASIERTEN SICH hochrangige Ägypter den **KOPF** und trugen **PERÜCKEN** zum Schutz vor der Sonne und Kopfläusen.

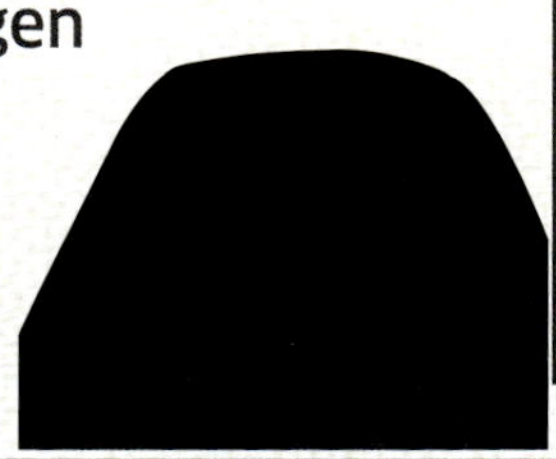

Plattformschuhe waren im **16. JH. IN VENEDIG** sehr beliebt. Die ***CHOPINES*** waren bis zu **50 cm** hoch. Sie schützten die Kleider vor **SCHLAMM** und waren ein **STATUSSYMBOL**.

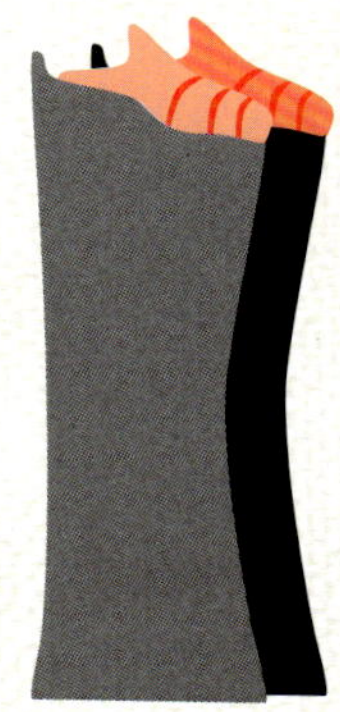

Riesige **KRINOLINEN**, die durch **STARRE REIFEN** gestützt wurden, waren in Europa um etwa **1860** in Mode. Ihr Durchmesser betrug bis zu **5,5 m**.

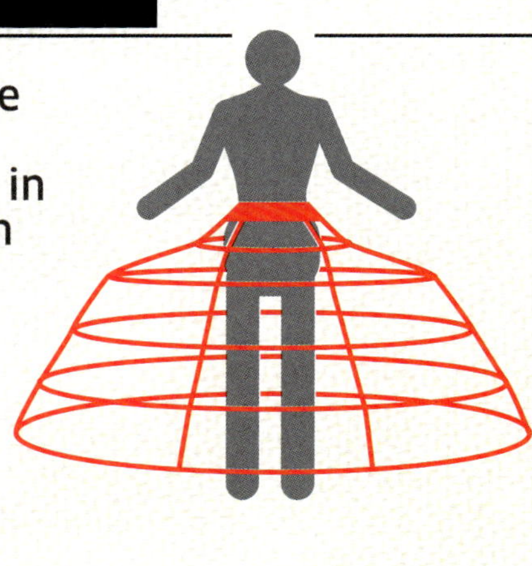

Irene Sparks aus Neuseeland besaß **21321 Krawatten**, die **GRÖSSTE SAMMLUNG** aller Zeiten.

Halskrausen wurden im 16. Jh. in Europa getragen. Die größten waren **30 cm BREIT** und hatten **600 FALTEN.**

1946 erfand der französische Designer Louis Réard den **BIKINI**. Er benötigte nur

0,02 m²

Stoff.

4,5 Milliarden

JEANSHOSEN

wurden 2018 **WELTWEIT** verkauft.

Weil Baumwolle im **ERSTEN WELTKRIEG** knapp war, wurden viele deutsche **UNIFORMEN** aus **15 % BAUMWOLLE** und **85 % BRENNNESSEL-FASERN** genäht.

Im **8. Jh.** trugen Frauen am japanischen Kaiserhof das **Jūnihitoe**. Es bestand aus

12

KIMONOS oder Gewandschichten übereinander.

Von **1747–1782** war das Tragen eines **KILTS** oder anderer schottischer Kleidung in Großbritannien bei einer Strafe von

6 Monaten

GEFÄNGNIS verboten.

HIGH HEELS

wurden zuerst von **PERSISCHEN REITERN** im **10. Jh.** getragen. Die

2,5 cm

hohen Absätze hielten die **STIEFEL IM STEIGBÜGEL**.

Im
KAMPF

Die Menschen versuchten schon immer, mit Waffen Konflikte zu lösen oder Gebiete zu erobern. Einige Schlachten, vor allem in den beiden Weltkriegen im 20. Jahrhundert, veränderten den Lauf der Geschichte.

STREITWAGEN mit **1 m** langen **METALLKLINGEN** an den Rädern wurden erstmals in Indien und Persien verwendet: vor **2500 JAHREN**.

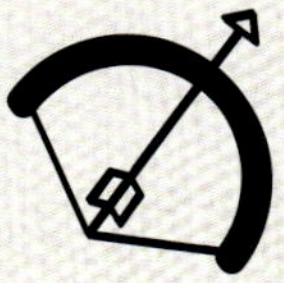

PFEILE von den Bogen der **MONGOLISCHEN KRIEGER** trafen **320 m** entfernte Ziele (13. Jh.).

JOHANNA VON ORLÉANS war **17 JAHRE ALT**, als sie die **FRANZÖSISCHE ARMEE** anführte, um die Stadt Orleans von der englischen **BELAGERUNG** zu befreien (1429).

Laut einer Legende **LIEF EIN BOTE 40 km**, um den Sieg der Athener gegen die Perser in der **Schlacht von Marathon (490 v. Chr.)** zu melden.

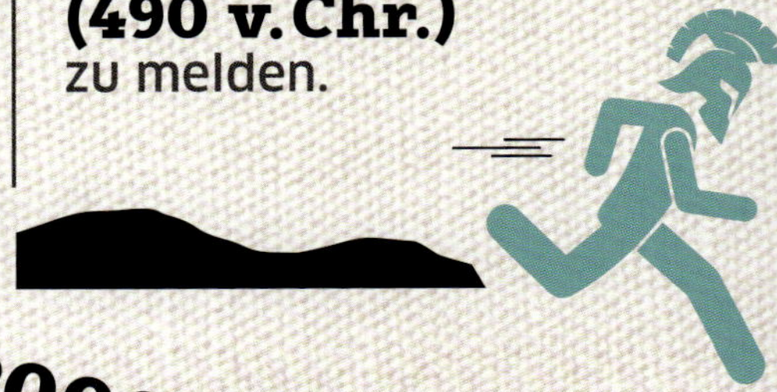

Mehr als **400 Schiffe** wurden in der Schlacht vom Langshan Jiang in **CHINA** durch einen mit der Hand betriebenen **FLAMMENWERFER ZERSTÖRT (919 n. Chr.)**.

Normannische Eroberer aus Nordfrankreich mit **2000–3000 REITERN** besiegten **1066** die englische Armee und **eroberten England**.

Bei der **BELAGERUNG DER BURG KARLŠTEJN (1422)** (heute Tschechien) feuerten die Angreifer mit einem Katapult **2000 Wagenladungen Mist** über die Burgmauern.

1916 wurden die **ersten Panzer** im **KAMPF** eingesetzt: britische Mark I während der Schlacht an der Somme im **ERSTEN WELTKRIEG**.

12 000 Kriegselefanten dienten in den Armeen des **MOGUL-KAISERS** Jahangir (1569–1627). Sie waren durch **159 kg** schwere **RÜSTUNGSPLATTEN** geschützt und trugen Soldaten in den Kampf.

Der erste **BOMBENANGRIFF AUS DER LUFT** fand **1911** statt: Ein italienischer Pilot warf in Libyen **4 GROSSE GRANATEN** ab.

Auf dem Höhepunkt der Macht (1813) besaß der Kaiser der Franzosen **NAPOLEON BONAPARTE** eine Armee von rund **1 Mio. SOLDATEN**.

Rund **56 000 km SCHÜTZENGRÄBEN** wurden im Ersten Weltkrieg an der **WESTFRONT** ausgehoben. Damit hätte man die Erde **1,4-MAL** umrunden können.

6 deutsche U-Boote versenkten **274 SCHIFFE** im **Zweiten Weltkrieg**.

Bei der **SCHLACHT AN DER SOMME** feuerten die Alliierten in nur **1 WOCHE** **rund 1 500 000 Artilleriegeschosse** ab.

Schätzungen zufolge kämpften im **ZWEITEN WELTKRIEG** (1939–1945) **300 Mio. SOLDATEN**.

FORSCHUNG UND TECHNIK

Chemische
ELEMENTE

Ein Element ist ein Stoff, der aus nur einer Art von Atomen besteht. Alles im Universum besteht aus Elementen – von den Gasen in der Atmosphäre bis zu den seltenen Metallen in Mobiltelefonen.

1869 brachte der russische Lehrer **Dmitri Mendeljew** sein **PERIODENSYSTEM DER ELEMENTE** heraus. Er ordnete die Elemente nach ihren Eigenschaften in Gruppen ein.

2,5 Mrd. Tonnen **EISEN** werden pro Jahr aus **MINERALERZEN** gewonnen.

Das **PERIODENSYSTEM** enthält **118** Elemente. Etwa **90** von ihnen kommen **IN DER NATUR** vor, die übrigen werden künstlich erzeugt.

1 kg des Metalls **KALZIUM** ist im **KÖRPER EINES ERWACHSENEN**, das meiste in **KNOCHEN UND ZÄHNEN**.

Mit einem Schmelzpunkt von **29 °C** **SCHMILZT** das Metall **GALLIUM** in der Handfläche.

Kupfer wurde als **ERSTES METALL** aus seinem Erz gewonnen: vor etwa **10 000 Jahren**.

3414 °C
IST DER SCHMELZPUNKT VON WOLFRAM – der **HÖCHSTE** aller Metalle.

SAUERSTOFF bildet **21 %** der **ATMOSPHÄRE.**

Technetium war das erste Element, das **IM LABOR HERGESTELLT** wurde **(1937).**

90 % der Minerale in der Erdkruste enthalten **SILIZIUM**, woraus **MIKROCHIPS** hergestellt werden.

10 Mio. verschiedene **VERBINDUNGEN** kann **KOHLENSTOFF** (mit 1 oder mehr Elementen) eingehen – mehr als alle anderen Elemente.

Etwa **99 %** des **MENSCHLICHEN KÖRPERS** bestehen aus **6 ELEMENTEN: 65 % SAUERSTOFF, 18,5 % KOHLENSTOFF, 10 % WASSERSTOFF, 3 % STICKSTOFF, 1,5 % KALZIUM, 1 % PHOSPHOR.** Das letzte 1 % besteht aus Spuren anderer Elemente.

Bei Raumtemperatur sind nur **2 ELEMENTE FLÜSSIG: QUECKSILBER** und **BROM.**

Hennig Brand entdeckte das Element **PHOSPHOR**, als er **50 EIMER URIN** kochte und filterte (1669).

„WELCOME STRANGER“ heißt das größte Nugget aus **REINEM GOLD**, das je gefunden wurde. Es wurde 1869 in Australien entdeckt und wog **66 kg**.

STICKSTOFF (ein Gas) verwandelt sich in **KLARE, FARBLOSE FLÜSSIGKEIT**, wenn er auf unter **–195 °C** gekühlt wird. Er dient als **KÜHLMITTEL** zum Gefrieren von Lebensmitteln wie **EISCREME.**

Das **Recycling von 1 Aluminiumdose** spart so viel Energie, dass damit ein Fernseher **3 STUNDEN** laufen könnte.

Neon ist eines der **SELTENSTEN ELEMENTE DER ERDE.** Das Gas hat nur einen Anteil von **0,001 %** an der Atmosphäre.

Schall und

LICHT

Licht und Schall sind Energieformen, die sich in Wellen ausbreiten. Sie lassen sich beugen, reflektieren und sind für unsere Sinne wahrnehmbar. Licht bewegt sich schneller als Schall und auch durch das Vakuum des Weltraums, während Schall ein Medium braucht, um sich fortzupflanzen.

Licht ist **8 Minuten**, **19 Sekunden** unterwegs, bis es von der **SONNE ZUR ERDE** gelangt.

Ein **LICHTJAHR** ist die Entfernung, die Licht in einem Jahr im Vakuum zurücklegt – das sind etwa **9,5 Billionen Kilometer**.

Wenn **SONNENLICHT** durch **REGENTROPFEN** in der Luft scheint, bildet sich ein **REGENBOGEN**. In Taiwan war der längste Regenbogen zu sehen: **8 STUNDEN UND 58 MINUTEN**.

IM VAKUUM bewegt sich Licht mit einer Geschwindigkeit von **300 000 km** pro Sekunde.

Im **WASSER** verlangsamt sich die **LICHTGESCHWINDIGKEIT** auf **200 000 km** pro Sekunde.

LAUTSTÄRKE wird in **DEZIBEL** (dB) gemessen. Rufe von **BLAUWALEN** erreichen **188 dB** und sind damit lauter als ein **DÜSENFLUGZEUG**.

Die Frequenz oder **TONHÖHE** wird in Hertz (Hz) gemessen. Menschen hören normalerweise Frequenzen von **20 bis 20 000 Hz**.

Chuck Yeager war der **ERSTE MENSCH**, der schneller flog als der Schall (1947): **1235 km/h**. Er flog das Raketenflugzeug Bell X-1.

KATZEN hören auch sehr **HOHE TÖNE** bis zu **65 000 Hz**.

POLARLICHTER, farbige Lichterscheinungen in der Atmosphäre, treten in bis zu **1000 km** Höhe auf.

Zu Fuß bräuchte man etwa **7 JAHRE**, um die Strecke von **1 LICHTSEKUNDE** zurückzulegen, wenn man konstant **4,8 km/h** läuft.

Die **ÄLTESTE** Tonaufnahme ist ein **20 Sekunden** langer Ausschnitt aus dem Lied **„AU CLAIR DE LA LUNE“**, aufgezeichnet im Jahr **1860**.

Kurz nach dem **URKNALL** wurde das Universum **DUNKEL** – mindestens **100 Mio. JAHRE** lang. Dieser Zeitraum heißt das **DUNKLE ZEITALTER DES KOSMOS**.

Etwa **10–35 %** der Menschen haben einen **PHOTISCHEN NIESREFLEX**: Bei plötzlicher Helligkeit müssen sie **NIESEN**.

Etwa **90 %** der Lebewesen im Ozean, die unterhalb von **500 m** Tiefe leben, sind **BIOLUMINESZENT**, das heißt, sie können selbst leuchten.

Dichte Stoffe leiten Schall schneller. Im **WASSER** bewegt er sich mit **1500 m** pro Sekunde, das ist **4,4-mal** schneller als in der Luft.

Damit unser Gehirn ein **ECHO** wahrnimmt, muss zwischen dem Ton und seinem Widerhall **MINDESTENS 1/10 SEKUNDE** liegen.

Mehr als
75 %
der Energie
für **UNSERE HAUSHALTE** stammt aus nichterneuerbaren Quellen wie fossiler **KOHLE**, **ERDÖL** und **ERDGAS**.

2015 nutzte **ISLAND** ausschließlich erneuerbare Energiequellen:
73 % Wasserkraft und **27 % geothermische Energie**.

Eine Kerze strahlt pro Sekunde **80 WATT ENERGIE** ab.

Nur **10 %** des **Stroms**, der durch den Leuchtdraht einer Glühbirne fließt, wird **IN LICHT UMGEWANDELT**. Der Rest geht als Wärmeenergie verloren.

Im Tal einer **ACHTERBAHN** wiegt dein Körper wegen der Schwerkraft das **DREIFACHE**.

1 Liter Benzin liefert mehr als **31 Mio. JOULE** Energie.

Etwa **10 Billiarden** Kohlekraftwerke wären erforderlich, um so viel Energie zu erzeugen wie die **SONNE**.

WÄRME-ENERGIE misst man in **KALORIEN** (cal). Man braucht **1 CAL**, um die Temperatur von **1 g WASSER** um **1 °C** zu erhöhen.

Die Triebwerke der **SATURN-V-RAKETE**, mit der die Mondmissionen starteten, erzeugten beim Start **EINEN SCHUB VON 34,5 Mio. NEWTON**. Das ist etwa **288-MAL** mehr als der Schub eines **PASSAGIER-DÜSENFLUGZEUGS**.

KRÄFTE misst man in **Newton** (N). Dein Griff hat eine Kraft von rund **300 N**.

KRÄFTE UND ENERGIE

Ohne Energie passiert nichts – sie lässt Flammen brennen und Raketen ins All starten. Es gibt viele Arten von Energie, zum Beispiel chemische, elektrische, Bewegungs- oder Wärmeenergie. Wenn eine Energieform in eine andere umgewandelt wird, wirken Kräfte. Eine Kraft kann ein Schub oder ein Zug sein, der etwas in Bewegung setzt oder abbremst.

Erwachsene Menschen müssen etwa **1600–2800 KILOKALORIEN ENERGIE** pro Tag zu sich nehmen.

Energie in der Nahrung wird in Kilokalorien (kcal) gemessen. **1 KILOKALORIE** entspricht **4184 JOULE**.

Die **REIBUNG**, die entsteht, wenn Körper sich berühren, erzeugt **WÄRME**. Die Bremsen eines **FORMEL-1-WAGENS** werden bis zu **1000 °C** heiß.

Energie misst man in Joule (J). **1 JOULE** ist etwa so viel Energie, wie du brauchst, um einen Apfel **1 m** hochzuheben.

Man braucht etwa **334 JOULE** Energie, um **1 g** Eis zu schmelzen.

Um die **ERDANZIEHUNGSKRAFT** zu überwinden und ins All zu fliegen, muss eine Rakete **FLUCHTGESCHWINDIGKEIT** erreichen – sie beträgt mehr als **40 000 km/h**.

GEWICHT ist ein Maß dafür, wie stark die **SCHWERKRAFT** einen Körper anzieht. Da die **SCHWERKRAFT** auf den verschiedenen Planeten unterschiedlich groß ist, würdest du zum Beispiel, wenn du auf der Erde **50 kg** schwer bist, auf dem Merkur nur **18,9 kg** wiegen.

FUNKEN von **WUNDERKERZEN** können

1600 °C

heiß werden – das ist heißer als der **SCHMELZPUNKT VON EISEN**.

1905

ließ der

11-JÄHRIGE

US-Amerikaner **Frank Epperson** aus Versehen über Nacht ein **GETRÄNK** samt Rührstäbchen im Freien stehen und **ERFAND** so das **„Eis am Stiel“**.

---

471 °C

beträgt die mittlere Temperatur auf der **VENUS**. Sie ist der **HEISSESTE PLANET** im Sonnensystem.

In **JAKUTSK** (Russland) bekommen die Klassen 1–5 „kältefrei“, wenn die **TEMPERATUR** unter

−45 °C

sinkt. Die **ÄLTEREN SCHÜLER** bekommen erst bei unter

−50 °C

frei.

DIE KÖRPERTEMPERATUR von Menschen liegt etwa bei

37 °C.

Das ist nur **5 °C ÜBER** dem **Schmelzpunkt** von **Schokolade**.

Die Temperatur auf der **SONNENOBERFLÄCHE** beträgt etwa

5500 °C.

Das ist **2700-MAL KÜHLER** als in ihrem **KERN**.

−89,2 °C,

aufgezeichnet 1983 in der Station Wostok in der **ANTARKTIS** – ist die **kälteste Temperatur**, die je in Bodennähe gemessen wurde.

Japanische Makaken baden bei **SCHNEE** in **41 °C HEISSEN QUELLEN** im Joshinetsu-Nationalpark (Japan).

Heiß oder kalt:

TEMPERATUR

Wenn sich die Atome oder Moleküle in einem Körper bewegen, geben sie Wärmeenergie ab. Je heftiger sie sich bewegen, desto wärmer wird es. Die Temperatur ist also ein Maß dafür, wie schnell sich die Teilchen bewegen.

180 °C ist die **TEMPERATUR**, bei der Popcornmais **POPPT**.

Die **HEISSESTE TEMPERATUR**, die je auf der Erde erreicht wurde, ist **5,5 BILLIONEN °C**. Das geschah 2012 im **LHC (LARGE HADRON COLLIDER)**, einem Teilchenbeschleuniger in der Schweiz, und ist **360 000-MAL HEISSER** als im **KERN DER SONNE**.

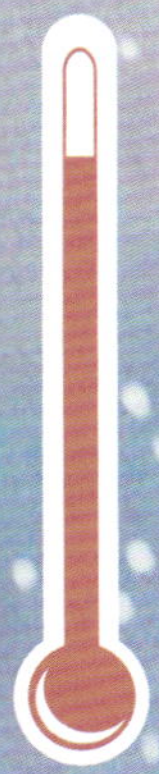

TEMPERATUR kann man mit **3 Skalen** messen: Celsius **(°C)**, Fahrenheit **(°F)** und Kelvin **(K)**.

WALDFRÖSCHE IN ALASKA frieren bis zu **60 %** ihres Körpers ein, um im **HARTEN WINTER** zu überleben, wenn die Temperaturen auf **–9 °C** bis **–18 °C** sinken.

0 K (Kelvin) oder **–273,15 °C** ist der **ABSOLUTE NULLPUNKT**. Kälter kann nichts werden.

Wasser siedet bei **100 °C** und gefriert bei **0 °C**. Es ist der **EINZIGE STOFF AUF DER ERDE**, der in unserem **ALLTAG** in allen **3 AGGREGAT-ZUSTÄNDEN** (fest, flüssig und gasförmig) vorkommt.

Der **EIFFELTURM** ist an sehr heißen Tagen bis zu **15 cm** höher, weil sich das **EISEN**, aus dem er gebaut ist, in der Hitze **DEHNT**.

Der größte **EISBECHER** wurde 1988 in Alberta (Kanada) zubereitet. Er wog **24,91 Tonnen**.

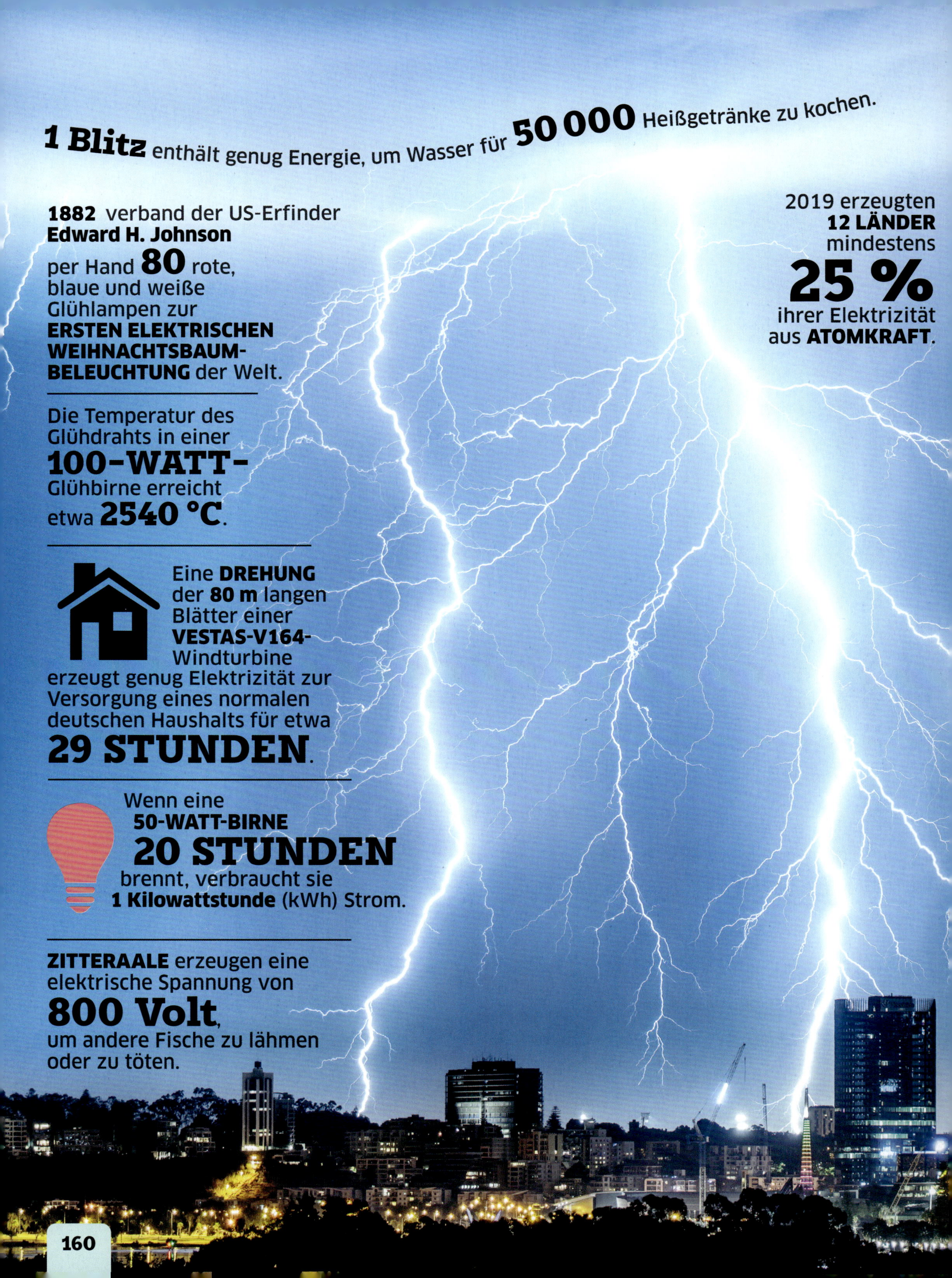

1 Blitz enthält genug Energie, um Wasser für **50 000** Heißgetränke zu kochen.

1882 verband der US-Erfinder **Edward H. Johnson** per Hand **80** rote, blaue und weiße Glühlampen zur **ERSTEN ELEKTRISCHEN WEIHNACHTSBAUM-BELEUCHTUNG** der Welt.

Die Temperatur des Glühdrahts in einer **100-WATT-**Glühbirne erreicht etwa **2540 °C**.

Eine **DREHUNG** der **80 m** langen Blätter einer **VESTAS-V164-**Windturbine erzeugt genug Elektrizität zur Versorgung eines normalen deutschen Haushalts für etwa **29 STUNDEN**.

Wenn eine **50-WATT-BIRNE** **20 STUNDEN** brennt, verbraucht sie **1 Kilowattstunde** (kWh) Strom.

ZITTERAALE erzeugen eine elektrische Spannung von **800 Volt**, um andere Fische zu lähmen oder zu töten.

2019 erzeugten **12 LÄNDER** mindestens **25 %** ihrer Elektrizität aus **ATOMKRAFT**.

ELEKTRIZITÄT

Ohne Elektrizität funktioniert in unserer modernen Welt so gut wie nichts. Sie lässt sich unter anderem in Wärme, Licht oder Schall umwandeln. Erzeugt wird sie aus verschiedenen Quellen wie Kohle, Erdöl, Erdgas, Sonnenlicht, Wind oder Wasser.

Damit **WINDTURBINEN** Strom produzieren können, muss der Wind mindestens **12 km/h** betragen.

1881 wurde das **SAVOY-THEATER** in London als **ERSTES ÖFFENTLICHES GEBÄUDE** elektrisch erleuchtet – mit **1200 GLÜHLAMPEN** des britischen Erfinders Joseph Swan.

Die **USA** verbrauchten **2019** **13-MAL** mehr Elektrizität als im Jahr **1950**.

Kompaktleuchtstofflampen verbrauchen **60–80 %** **WENIGER STROM** als Glühlampen.

Rund **440** **ATOMKRAFTWERKE** produzieren etwa **10 %** der weltweit genutzten Elektrizität.

2020 erzeugten **WIND-** und **SOLARENERGIE** **9,1 %** der Elektrizität weltweit.

2020 wurden **35,1 %** der Elektrizität weltweit **IN KOHLEKRAFTWERKEN** erzeugt.

770 Mio. Menschen hatten 2019 **KEINEN ZUGANG** zu Elektrizität.

Einer der **HÖCHSTEN STROMMASTEN** der Welt steht in der Provinz Zhejiang (China). Er ist **370 m** hoch.

Eine **2,5-MEGAWATT-WINDTURBINE** erzeugt genug Elektrizität für **1400** Haushalte.

Alltägliche

WERKSTOFFE

Für alles, was wir zur täglichen Verwendung bauen oder fertigen, benötigen wir Werkstoffe. Von Beton, Stahl und Glas, aus denen die Hochhäuser bestehen, die die Skylines der Städte beherrschen, bis zu Baumwolle oder Seide für Kleidung.

Es dauert etwa **200 JAHRE**, bis ein **PLASTIK-STROHHALM** verrottet, und **450 JAHRE**, bis eine **PLASTIK-FLASCHE** in der Natur vollständig abgebaut ist.

Das hitzebeständigste Material, das je erfunden wurde, ist **HAFNIUM-KARBONITRID**. Sein **SCHMELZPUNKT** liegt bei über **3890 °C**.

GLAS wird aus **SAND** und anderen Zutaten hergestellt, die bei etwa **850 °C GESCHMOLZEN** werden.

ZELLULOID (eine Art Plastik) wurde von dem US-Erfinder **John Wesley Hyatt** erfunden. Er bewarb sich damit um ein Preisgeld von **10 000 $** für ein Material, das bei der Herstellung von **BILLARD-KUGELN** das **ELFENBEIN ERSETZEN** sollte.

In der **EUROPÄISCHEN UNION** werden rund **76 %** aller Glasbehälter wie Gläser und Flaschen **RECYCELT**.

Einige **SYNTHETISCHE GUMMIARTEN** dehnen sich auf das **100-Fache** ihrer Ursprungslänge.

Naturgummi stammt von dem Baum *Hevea Brasiliensis*. Ein Baum kann bis zu **8,5 kg GUMMI PRO JAHR** produzieren.

Beim Recycling von **25** kleinen **PLASTIKFLASCHEN** gewinnt man genug Fasern für eine **FLEECEJACKE**.

Für Keramikware muss **TON GEBRANNT** werden: bei etwa **1000 °C**.

CHINA stellt rund **53 %** des **STAHLS WELTWEIT** her, das ist etwa **9-mal** mehr als der zweitgrößte Produzent, Indien.

Der belgische Chemiker **Leo Baekeland** stellte den ersten Kunststoff her:

Bakelit (1907)

1965 erfand die US-amerikanische Chemikerin Stephanie Kwolek **KEVLAR** – eine Polymerfaser, die leichter ist als Glasfaser, aber dennoch

5-MAL STÄRKER als Stahl

1 SEIDENRAUPEN-KOKON ergibt etwa

900 m Seidenfaden

GRAPHEN besteht aus Kohlenstoffatomen. Es ist extrem leicht und

200-MAL FESTER ALS STAHL

1 SCHAF produziert pro Jahr genug **WOLLE** für etwa **8 PULLOVER** (für Erwachsene).

2019 wurden rund

1 869 900 000 Tonnen STAHL

produziert. Er wird vor allem in der Bauindustrie verwendet.

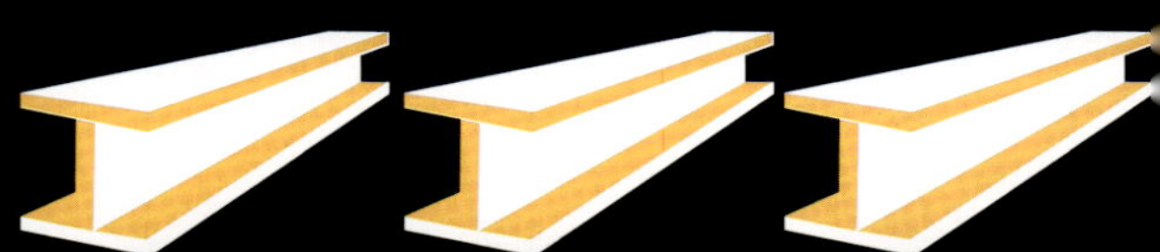

Geniale

ERFINDUNGEN

Dem menschlichen Erfindergeist ist es zu verdanken, dass immer neue Dinge, Werkstoffe und Prozesse erfunden werden, die das Leben einfacher und sicherer machen. Wichtige Erfindungen – vom Rad bis zur Glühlampe – veränderten jeweils die ganze Welt.

Der Brite James Dyson baute **5127 PROTOTYPEN**, bis er seinen **ZYKLON-STAUBSAUGER** perfektioniert hatte **(1983)**.

Walter Hunt (USA) erfand **1849** die **Sicherheitsnadel** und verkaufte sein Patent für nur **400 $**.

Die **GLÜHLAMPE**, die Thomas Edison (USA) 1879 erfand, hielt nur **13 ½ Stunden**.

Die **ERSTEN RÄDER**, etwa ab **3500 v. Chr.**, wurden zum **TÖPFERN** benutzt. Erst **300 JAHRE** später nutzte man sie auch zum **TRANSPORT**.

Im 19. Jh. erfand der Chemiker **Humphry Davy** (GB) die **BOGENLAMPE**, die **ERSTE ELEKTRISCHE LICHTQUELLE**. Sie erzeugte einen **LICHTBOGEN** zwischen **2 Holzkohlestangen**.

2019 gingen beim **EUROPÄISCHEN PATENTAMT** **181 000 Patentanmeldungen** für neue Erfindungen ein.

Die **KONSERVENDOSE** wurde 1810 erfunden, aber der erste **DOSENÖFFNER** erst **48 Jahre** später.

130 000 Zuschauer sahen den **ERSTEN** Flug mit einem **Heißluftballon** **(1783)**. An Bord waren ein Schaf, ein Hahn und eine Ente.

Thomas Edison besaß **1093** US-Patente für eigene Erfindungen.

Mehr als **100 Mrd. Kugelschreiber** wurden seit seiner Erfindung **1938** verkauft.

67 US-Cent kostete der erste Artikel, der mit einem **BARCODE-SCANNER** kassiert wurde: ein Päckchen Kaugummi **(1974)**.

KÜHLSCHRÄNKE sind seit **1927** übliche Haushaltsgeräte.

Die US-Amerikanerin **Sarah Goode** erhielt **1885** als **ERSTE SCHWARZE FRAU** ein Patent für ein **PLATZSPARENDES BETT**, das sich zum **SCHREIBTISCH** umbauen ließ.

Der deutsche Uhrmacher **Stephan Farfler**, der sich als Kind den Rücken gebrochen hatte, baute **1655** den **ERSTEN ROLLSTUHL MIT KURBELANTRIEB** – im Alter von **22**.

Der erste **MECHANISCHE WECKER** wurde von dem Amerikaner Levi Hutchins erfunden **(1787)**. Er ließ sich nicht verstellen und klingelte jeden Morgen um **4 Uhr**.

George Nissen (USA) erfand den Prototyp eines **TRAMPOLINS**, als er erst **16** Jahre alt war (1930).

Bombastische

BAUWERKE

Im Lauf der Geschichte errichteten die Menschen eindrucksvolle Bauwerke – von den exakt berechneten Pyramiden über märchenhafte Schlösser bis zu Wolkenkratzern.

Das **BURJ KHALIFA** in Dubai ist das höchste Gebäude der Welt: Es ist

828,9 m

hoch und hat

160

ETAGEN.

Die **BUDDHA-STATUE** in Leshan (China) ist **71 m HOCH.** Sie wurde **AUS EINER FELSWAND GEHAUEN.**

MÜNZEN IM WERT VON

1,5 Mio. $

werden jedes Jahr in den **TREVI-BRUNNEN** in Rom (Italien) geworfen.

1990 war der **SCHIEFE TURM VON PISA** (Italien) um

5,5

GRAD

geneigt. Nach der Stabilisierung waren es nur noch **4 GRAD.**

2194

BETONTEILE bilden das Dach des **OPERNHAUSES IN SYDNEY.**

Auf der polynesischen Insel **RAPA NUI** stehen rund **1000 RIESIGE STATUEN,** genannt Moai.

2,3 Mio. STEINBLÖCKE wurden für die **CHEOPSPYRAMIDE** verbaut.

Der Eiffelturm in Paris (Frankreich) besteht aus **18 000 Eisenteilen**, verbunden mit **2,5 Millionen Metallnieten**.

---

410 000 Tonnen **GRANIT** wurden 1927 aus dem **MOUNT RUSHMORE** in den **Black Hills** gesprengt, um die Gesichter von **4 US-PRÄSIDENTEN** in die Felsen zu meißeln.

Rund **18 Mio. ZIEGELSTEINE** und **475 000 KACHELN** brauchte man für die **KÖNIGSMOSCHEE** in Isfahan (Iran, 7. Jh.).

Die **Freiheitsstatue** in New York (USA) ist **46 m hoch**. Die Fackel, das Symbol für Freiheit, wiegt **1600 kg**.

Es dauerte **8 Jahre**, bis die **TOWER BRIDGE** in London fertig war. Sie wurde **1894** eröffnet.

ANGKOR WAT ist eine der **GRÖSSTEN TEMPELANLAGEN DER WELT**. Sie bedeckt eine Fläche von **1,6 km²** bei **SIEM REAP** in **Kambodscha**.

---

80 Bogen bildeten die kreisrunde Außenmauer des **KOLOSSEUMS** in **ROM**.

---

20 000 ARBEITER brauchten mehr als **22 JAHRE** zum Bau des **TAJ MAHAL** in Agra (Indien).

Die **CHEOPSPYRAMIDE** ist die größte und älteste der **3 Pyramiden** in **GISEH (ÄGYPTEN)**.

TOP 10 der höchsten Brücken

1 Viadukt von Millau • Frankreich
343 m
Die 2460 m lange Brücke über das Tal des Flusses Tarn in Frankreich wurde im Jahr 2004 eröffnet. Die Strecke verbindet die Stadt Montpellier an der Mittelmeerküste mit der Hauptstadt Paris.

2 Russki-Brücke • Russland
320,9 m
Die Brücke ist die längste Schrägseilbrücke der Welt. Sie verbindet die Insel Russki mit der Hafenstadt Wladiwostok.

3 Sutong-Brücke • China
306 m
Als die Brücke 2008 eröffnet wurde, verkürzte sich die Fahrtzeit zwischen den Städten Nantong und Schanghai um drei Stunden.

4 Akashi-Kaikyo-Brücke • Japan
298,3 m
Die Brücke ist die längste und höchste Hängebrücke der Welt, ausgestattet mit erdbebensicheren Spezialbauteilen.

5 Stonecutters Bridge • China
298 m
Für den Bau der Stonecutters Bridge in Hongkong wurde im Jahr 2000 ein internationaler Wettbewerb ausgeschrieben.

6 Yi-Sun-Sin-Brücke • Südkorea
270 m
Die nach einem berühmten koreanischen Admiral benannte Brücke verbindet die kleine Insel Myodo-dong mit dem Festland.

7 Jingyue-Brücke • China
265 m
Die Jingyue-Brücke ist eine von mehr als 100 Brücken über den gewaltigen Fluss Jangtse (Chang Jiang) in China.

8 Storebæltsbroen (Großer-Belt-Brücke, Ostteil)
Dänemark • **254 m**
Die Stützpfeiler dieser Brücke sind mit 254 m Höhe die höchsten Punkte in ganz Dänemark.

9 Zhongxian-Huyu-Expressway-Brücke • China
247,5 m
Die Schrägseilbrücke wurde im Jahr 2009 in einer Höhe von 134 m über den Jangtse (Chang Jiang) in China gebaut.

10 Jiujiang-Fuyin-Expressway-Brücke • China
244,3 m
Für die Herstellung der 32,2 km langen Kabel der Jiujiang-Fuyin-Expressway-Bridge wurden 200 000 Tonnen Stahl verbraucht.

AUF RÄDERN

Fahrzeuge auf Rädern beherrschen die Straßen, von Autos, Lastwagen, Bussen und Motorrädern bis zu Fahrrädern und Elektrorollern. Mehr als zwei Milliarden Fahrzeuge sind auf den Straßen und Fahrradwegen dieser Welt unterwegs.

Das **BROMPTON-FALTRAD** hat mehr als **1200 Einzelteile**.

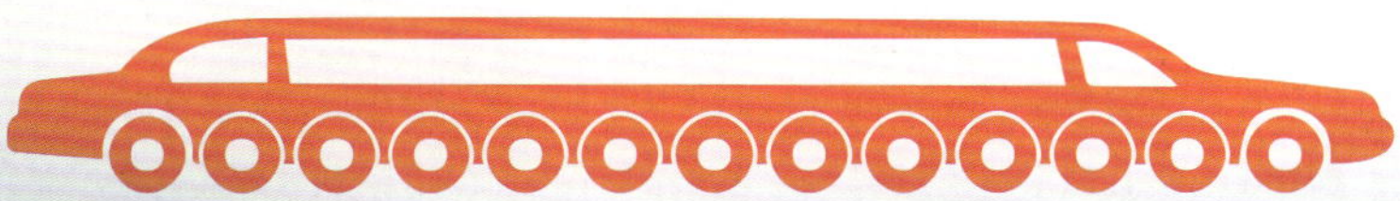

Die längste Stretchlimousine hieß **AMERICAN DREAM**. Sie war **30,5 m** lang und hatte **26 RÄDER**.

Einige **MOUNTAIN-BIKES** haben mehr als **40 Gänge**.

DER GRÖSSTE BUS DER WELT ist der Volvo Gran Artic. Er ist **30 m lang** und bietet Platz für **300 Passagiere**.

Das Leichtbaufahrrad **AX-LIGHTNESS VIAL EVO ULTRA** wiegt nur **4,4 kg** – weniger als manche Katze.

RÖMISCHE STREITWÄGEN, gezogen von **4 Pferden**, erreichten **50 km/h**.

ELEKRTOAUTOS sind keine neue Erfindung. Bis **1902** hatten sie **6 Tempo-WELTREKORDE** aufgestellt.

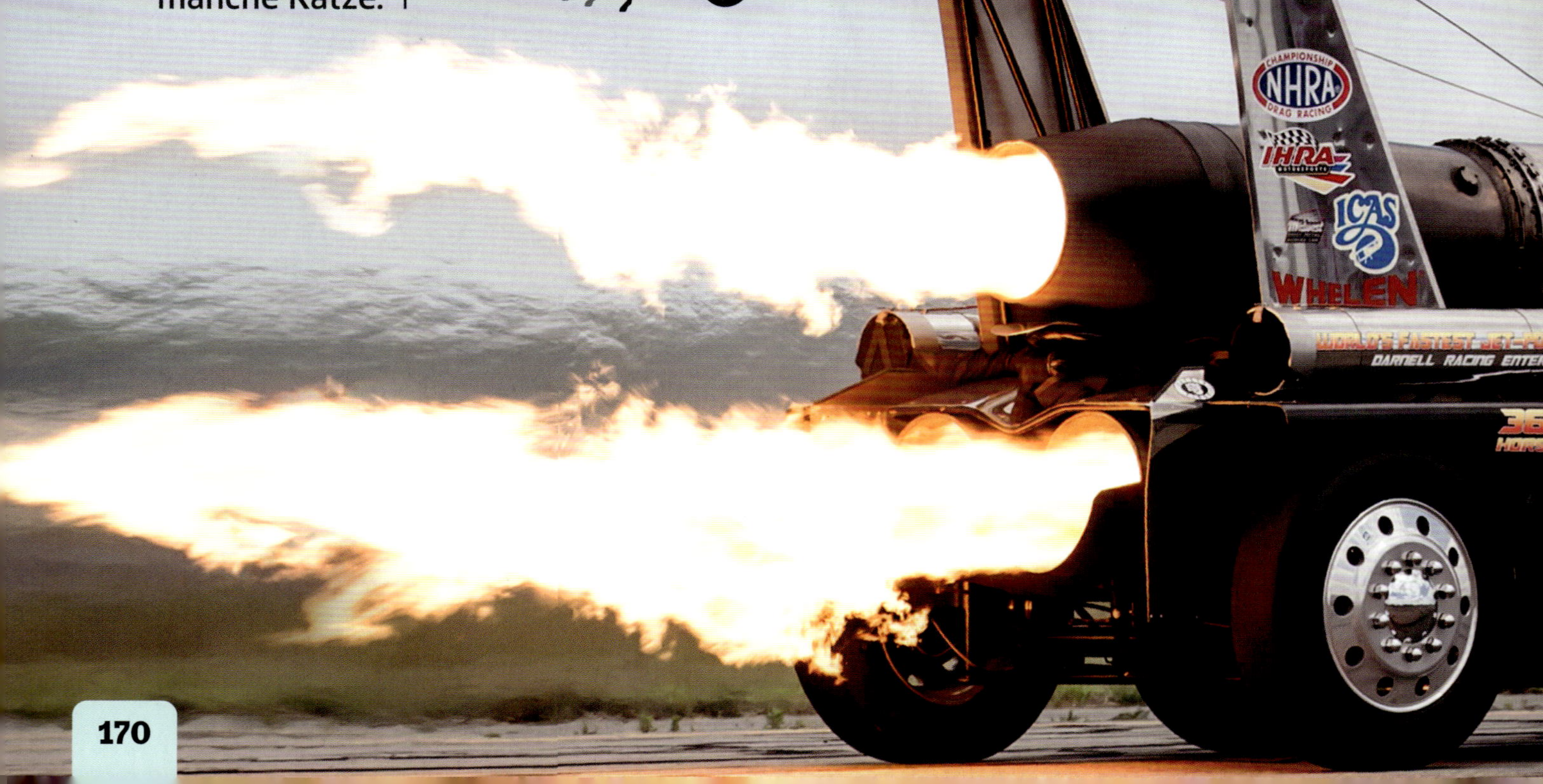

Das **GROSSE VORDERRAD** einiger **HOCHRÄDER** hat einen Durchmesser von

1,5 m.

2010 war ein **VERKEHRSSTAU IN CHINA** mehr als **100 km** lang. Es war einer der längsten je aufgezeichneten Staus und er dauerte **12 TAGE**.

Mehr als **100 Mio.** Exemplare des Motorrollers **HONDA SUPER CUB** wurden verkauft. Damit ist er **EINES DER MEISTVERKAUFTEN MOTORFAHRZEUGE** der Welt.

Den **ERSTEN STRAFZETTEL** für **zu schnelles Fahren** erhielt der Brite Walter Arnold, weil er **13 km/h** fuhr **(1896)**.

Der **TOYOTA COROLLA** ist das meistverkaufte Auto der Welt: rund **48 Mio.** wurden in mehr als **150 LÄNDERN** verkauft (seit **1966**).

2019 wurden etwa **92,8 Mio.** Motorfahrzeuge **WELTWEIT** produziert.

Der bisher **LÄNGSTE ROAD-TRAIN** war **1474,3 m** lang: ein **MACK-TITAN-LKW** mit **113 Anhängern**.

KAWASAKI NINJA H2R ist das **SCHNELLSTE** für den Straßenverkehr zugelassene Motorrad der Welt mit einer Rekordbeschleunigung von **400 km/h** in **26 SEK**.

Der Jet-Truck **Shockwave** (Einzelanfertigung) hat **3 Düsenmotoren**, die **36 000 PS** erzeugen und ihm eine Höchstgeschwindigkeit von **605 km/h** verleihen.

Auf dem

WASSER

Seit vor mehr als 10 000 Jahren die ersten Einbäume und Flöße gebaut wurden, sind Schiffe und Boote aus unserer Welt nicht mehr wegzudenken. Heute ziehen Tausende von gigantischen Frachtschiffen und viele Millionen Freizeit- und Fischerboote über die Weltmeere.

Mit einem **TOP-SPEED** vo
107,6 km/h
ist die *Francisco* die
schnellste
FÄHRE
der Welt. Sie kann bis zu **150** Autos und **1024** Passagiere befördern.

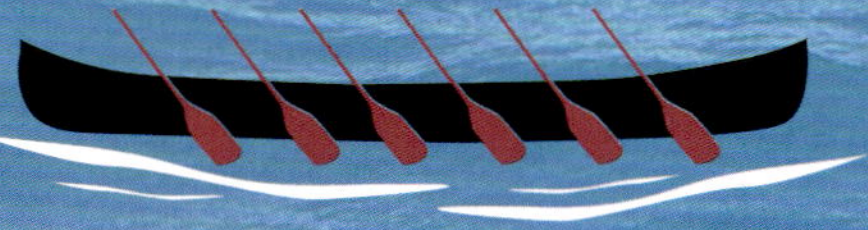

FRÜHE KRIEGSKANUS der Menschen in Fidschi waren etwa **30 m** lang und fassten etwa
200
KRIEGER.

Das **ÄLTESTE BEKANNTE BOOT** ist der **3 m** lange **EINBAUM VON PESSE.** Er ist mehr als
10 000 Jahre alt.

Die ***VESTAS SAILROCKET 2*** ist das **SCHNELLSTE SEGELBOOT** der Welt. Sie erreicht bis zu
121,2 km/h.

Das **LÄNGSTE U-BOOT DER WELT** ist die *Belgorod*. Es ist etwa
11-MAL
länger als es das erste **MODERNE** U-Boot, die USS *Holland* (SS-1), war.

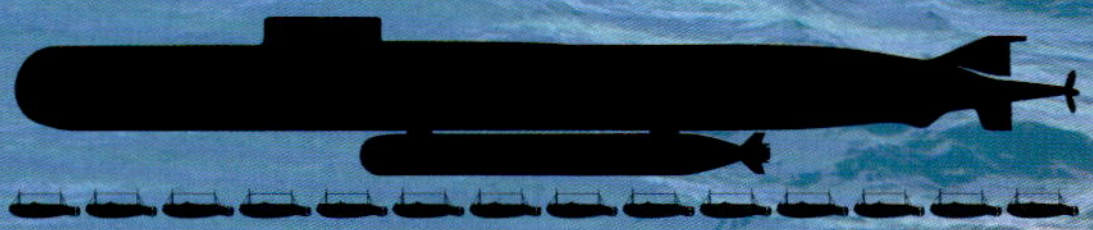

Das **SCHWEDISCHE KRIEGSSCHIFF *VASA*** wurde **1628** in Dienst gestellt. Es sank **20 MINUTEN**, nachdem es die Segel gesetzt hatte, doch das Wrack wurde erst
333 JAHRE SPÄTER
geborgen.

Etwa
4 600 000
Schiffe und Boote weltweit dienen zum **FISCHEN.**

Zwischen **1969** und **2004** überquerte das **KREUZFAHRTSCHIFF *QUEEN ELIZABETH 2*** den Atlantik
806 MAL – **EIN REKORD.**

Das **GRÖSSTE KREUZ-FAHRTSCHIFF** der Welt, die *Symphony of the Seas*, ist **362 m** lang und hat Platz für
6680 Passagiere
und **2200 Crew-mitglieder.**

EIN FORMEL-1-MOTORBOOT beschleunigt von **0 auf 160 km/h** in nur
4
SEKUNDEN.

Der Flugzeugträger USS *George Washington* wiegt **88 000 Tonnen** und kann bis zu **90 FLUGZEUGE** aufnehmen.

Das japanische Kriegsschiff ***YAMATO*** (Zweiter Weltkrieg) war bewaffnet mit **9 KANONEN** mit **42 km** Reichweite.

Die **400 m** lange *Ever Ace* transportiert bis zu **23 992 SCHIFFSCONTAINER**. Jeder Container fasst etwa **60 KÜHLSCHRÄNKE** oder **48 000 Bananen**.

Das **LÄNGSTE SCHIFF** aller Zeiten war der **458,45 m** lange **SUPERTANKER** *Seawise Giant*.

Die **MS *TÛRANOR PLANETSOLAR*** hat **537 m²** Solarmodule als Antrieb.

Die **RMS *TITANIC*** sank auf der Jungfernfahrt. Der Luxusdampfer hatte nur **20 Rettungsboote** für 2240 Passagiere.

Mit **57 m** Länge und **22,3 m** Breite ist das russische Militärboot ***ZUBR*** das **größte Hovercraft** aller Zeiten. Es trägt bis zu **500 SOLDATEN**.

1768 fuhr der britische Entdecker **James Cook** mit seinem **30 m** langen Schiff HMS *Endeavour* **48 000 km RUND UM DIE WELT**.

1978 erzielte Ken Warby (Australien) mit der *Spirit of Australia* auf dem Wasser den **GESCHWINDIGKEITS-WELTREKORD** von **511,11 km/h**. Das **HOLZSPEEDBOOT** war selbst gebaut.

Die **ÄLTESTE ERHALTENE DAMPFLOKOMOTIVE**, *Puffing Billy* (gebaut 1814), transportierte Kohle: **48 JAHRE** lang.

Die **ERSTE U-BAHN** wurde **1863** in London eröffnet und beförderte **38 000** Passagiere in Holzwaggons.

GRAND CENTRAL TERMINAL, ein Bahnhof in New York (USA), hat **44** Bahnsteige – Weltrekord.

Der Zug der **NILGIRI MOUNTAIN RAILWAY** (Tamil Nadu, Indien) fährt nur **10 km/h** und braucht **5 STUNDEN** für seine steil aufwärts führende Strecke.

5068 m über dem Meeresspiegel liegt der **BAHNHOF TANGGULA** (China): der **HÖCHSTE** der Welt.

Der **LÄNGSTE ZUG** aller Zeiten bestand aus **682 Waggons**.

Mit einer Länge von **57,1 km** ist der **GOTTHARD-BASISTUNNEL** unter den Schweizer Alpen der **LÄNGSTE EISENBAHNTUNNEL DER WELT**.

1869 fuhr Thomas C. Durant, der Vizepräsident der Eisenbahngesellschaft, mit der **UNION PACIFIC NO 119** zur **GOLDEN SPIKE CEREMONY** (Feier zur Vollendung der **TRANSKONTINENTALEN** Eisenbahn).

ZÜGE

Egal, ob über oder unter der Erde, Züge befördern täglich viele Millionen Menschen. Sie verbanden weit entfernte Orte auf der Welt schon lange, bevor es Autos und Flugzeuge gab. Heute transportieren sie rund 40 Prozent der weltweiten Fracht über Land.

Die Transsibirische Eisenbahn fährt **9289 km** durch **8 ZEITZONEN**.

LINIE 2 der U-Bahn in Chongqing (China) führt durch die Etagen **6**, **7** und **8** in einem **19-stöckigen Wohnhaus**.

Die **LÄNGSTE GERADE EISENBAHNSTRECKE** der Welt verläuft **478 km** quer durch die **NULLARBOR-EBENE VON AUSTRALIEN**.

1825 bauten die beiden Briten George und Robert Stephenson die **ERSTE ÖFFENTLICHE EISENBAHN**. Sie fuhr **43 km** weit.

603 km/h ist die **HÖCHSTE GESCHWINDIGKEIT**, die eine **MAGNETSCHWEBEBAHN** je erreichte: **2015** in Japan.

1934 war der ***FLYING SCOTSMAN*** die **ERSTE DAMPFLOKOMOTIVE**, die eine Geschwindigkeit von mehr als **160 km/h** erreichte.

25 000 Volt Elektrizität fließen durch die Oberleitungen des **TGV** (Hochgeschwindigkeitszug, **FRANKREICH**).

Mit **1366 m** ist der Bahnsteig des Bahnhofs Gorakhpur Junction (Indien) der **LÄNGSTE BAHNSTEIG DER WELT**.

ARSENALNA, eine U-Bahnstation in Kiew (Ukraine), ist die **TIEFSTE** Bahnstation der Welt. Sie liegt **105,5 m** unter der Erde.

In den USA hat das **SCHIENENNETZ** eine Länge von **293 564 km**.

DER KÜRZESTE REGELMÄSSIGE FLUG DAUERT
90 SEKUNDEN auf **2,7 km** zwischen den schottischen Inseln Westray und Papa Westray.

2
DUSCHRÄUME sind an Bord jedes Emirates-A380-Linienflugzeugs.

21601,7 km wurden zurückgelegt beim **LÄNGSTEN KOMMERZIELLEN NONSTOP-FLUG** ostwärts von Hongkong nach London.

Der Airbus A380 ist das **größte Linienflugzeug**. **853 PASSAGIERE** sitzen in 2 Decks.

Die Piloten der **RED ARROWS** (Kunstflugstaffel der British Royal Air Force) können mit ihren Düsenjets **bis zu 1,2 m** nah beieinander fliegen.

LZ-129-HINDENBURG, DAS GRÖSSTE JE GEBAUTE LUFTSCHIFF, war **245 m LANG**. An der breitesten Stelle war es so hoch wie ein **13-stöckiges Haus**.

6 000 000
TEILE braucht man zum Bau einer **BOEING 747-8.**

1999 beförderte ein **MI-26-HELIKOPTER** ein **23 000 JAHRE ALTES MAMMUT** in einem **24-Tonnen-Eisblock** aus der sibirischen Tundra in ein Labor in Sibirien.

1783 fand der **erste bemannte Flug** statt – an Bord eines **HEISSLUFTBALLONS** der Brüder Montgolfier (Paris, Frankreich).

Der **größte Helikopter** aller Zeiten ist der **RUSSISCHE MIL MI-26**. Seine Rotoren sind **32 m** lang.

1930 war die Krankenschwester und Pilotin **Ellen Church** die **ERSTE FLUGBEGLEITERIN** auf einem Flug der Gesellschaft **BOEING AIR TRANSPORT** von Kalifornien nach Illinois (USA).

12 SEKUNDEN dauerte der **ERSTE MOTORFLUG**. Er gelang den Brüdern Wright (USA) im Jahr **1903** und sie flogen dabei eine Strecke von **36,6 m**.

In der LUFT

Seit dem ersten Motorflug im Jahr 1903 machte die Fortbewegung in der Luft rasche Fortschritte. Passagierflugzeuge bringen uns schnell an weit entfernte Orte, es gibt aber auch Kampfflugzeuge für den militärischen Einsatz.

SOLAR IMPULSE 2 war das erste Flugzeug, das **OHNE FLÜSSIGEN TREIBSTOFF DIE WELT UMRUNDETE** (2016). Den Antrieb lieferten **17 248 Solarzellen**.

110 500 000 PASSAGIERE wurden im Jahr **2019** am Hartsfield-Jackson-Flughafen in Atlanta (USA) abgefertigt: **DIE MEISTEN DER WELT**.

Das kleinste Düsenflugzeug DER WELT, die **BEDE BD-5J**, ist nur **3,88 m LANG** und wiegt **2,38 kg**.

Der **DC-10 AIR TANKER** wird als Löschflugzeug genutzt. Er kann in nur **8 SEKUNDEN 35 000 LITER** Wasser abwerfen.

TOP 10 der schnellsten Flugzeuge

1 **X-15A-2** • Erster Flug **1959**
Höchstgeschwindigkeit **7274 km/h** • Länge **15,2 m**
Das Raketenflugzeug der USA erreichte die höchste Geschwindigkeit und die größte Höhe, die je aufgezeichnet wurde. Es flog 1963 in 107,8 km Höhe über dem Erdboden an die Grenze des Weltraums.

2 **Lockheed SR-71 Blackbird** • Erster Flug **1964**
Höchstgeschwindigkeit **3529,6 km/h** • Länge **32,7 m**
Die Blackbird wurde in den USA im Kalten Krieg als Spionageflugzeug für Erkundungsmissionen konstruiert. Sie war das schnellste Düsenflugzeug.

3 **Mikojan-Gurewitsch MiG-25 (NATO-Codename: Foxbat)** • Erster Flug **1964**
Höchstgeschwindigkeit **3395 km/h** • Länge **23,8 m**
Die sowjetische MiG-25 war der schnellste Kampfjet. Jedes der zwei Triebwerke konnte einen Maximalschub von 11 200 kg erzeugen.

4 **Bell X-2** • Erster Flug **1955**
Höchstgeschwindigkeit **3370 km/h** • Länge **11,5 m**
Die Bell X-2, auch Starbuster genannt, war ein US-amerikanisches Testflugzeug, mit dem untersucht wurde, wie sich extrem hohe Geschwindigkeiten auf Flugzeuge auswirken.

5 **Lockheed YF-12** • Erster Flug **1963**
Höchstgeschwindigkeit **3331,5 km/h** • Länge **31 m**
Langstreckenradar und Infrarotsensoren waren nur einige der Geräte an Bord des Tarnflugzeugs Lockheed YF-12. Es war ein US-amerikanischer Prototyp für ein Abfangflugzeug.

6 **XB-70A Valkyrie** • Erster Flug **1964**
Höchstgeschwindigkeit **3308,8 km/h** • Länge **56,4 m**
Die USA konstruierten die schlanke, langnasige Valkyrie für hohe Geschwindigkeiten und Tausende Kilometer Reichweite in Höhen von über 21 000 km.

7 **Mikojan-Gurewitsch MiG-31 (NATO-Codename: Foxhound)** • Erster Flug **1975** • Höchstgeschwindigkeit **3017 km/h** • Länge **22,7 m**
Die MiG 31 ist für niedrigere Höhen konstruiert als die MiG 25 und heute noch in der russischen Luftwaffe in Dienst. Es wurden mehr als 500 gebaut.

8 **McDonnell Douglas F-15 Eagle** • Erster Flug **1972**
Höchstgeschwindigkeit **3000 km/h** • Länge **19,4 m**
Das US-amerikanische Jagdflugzeug war der erster Luftüberlegenheitsjäger der Welt.

9 **General Dynamics F-111 Aardvark** • Erster Flug **1964**
Höchstgeschwindigkeit **2655 km/h** • Länge **22,4 m**
Die beiden starken Mantelstromtriebwerke des in den USA entwickelten Flugzeugs hoben den 23 300 kg schweren Rumpf in die Höhe.

10 **Suchoi SU-27 Luftüberlegenheitsjäger** • Erster Flug **1977**
Höchstgeschwindigkeit **2500 km/h** • Länge **21 m**
Der sowjetische Luftüberlegenheitsjäger bestand aus harten Titan- und Aluminiumlegierungen. Er konnte auch autonom (selbstgesteuert) fliegen.

U.S. AIR FORCE
NASA

Alles wird

DIGITAL

Bis etwa 1975 hatte niemand einen PC und erst seit 2007 gibt es Smartphones. Doch die Technik schritt rasend schnell voran und die Miniaturisierung elektronischer Schaltkreise in winzigen Siliziumchips leitete die digitale Revolution mit Mobiltelefonen, Computern, Tablets und anderen Geräten ein.

Von **Apple 1** (erster Apple-Computer) wurden etwa **200 STÜCK** hergestellt. Jeder kostete **666,66 $ (1976)**.

1843 wurde die **28-JÄHRIGE Ada Lovelace** zur **ERSTEN PROGRAMMIERERIN** der Welt: Sie schrieb Schritt-für-Schritt-Anweisungen für die **RECHENMASCHINEN** des Mathematikers Charles Babbage.

ENIAC war ein früher programmierbarer **DIGITALRECHNER**. Er wog **27 Tonnen** und füllte einen **15 m** langen und **9 m** breiten Raum aus.

Ein **MODERNES AUTO** von **VW** wird von Computerprogrammen gesteuert, die insgesamt mehr als **100 Mio.** Zeilen lang sind.

Der Fabrikarbeiter Gunpei Yokoi bei Nintendo (Japan) gestaltete den **GAME BOY**, eine tragbare Spielekonsole **(1989)**. Etwa **118,7 Mio.** Exemplare wurden weltweit verkauft.

Der erste **PC (PERSONAL COMPUTER)**, der IBM 5150, hatte **16 KB** Speicherplatz. Ein modernes **32-GB-Smartphone** hat **2 000 000** Mal mehr.

Mehr als **50 Mio. Tonnen** Computer und andere Elektronikgeräte gelangen pro Jahr **IN DEN MÜLL**. Nur **EIN FÜNFTEL** dieses **E-SCHROTTS** wird recycelt.

Moderne Computer enthalten **100 Mio.** winzige Transistoren auf jedem **1 mm²**.

Der Computer an Bord von **APOLLO 11** hatte **4 KB** RAM und **72 KB** Speicherplatz. Er hatte damit weniger Leistung als ein modernes **Ladegerät**.

2020 schaffte der Supercomputer **FUGAKU** (Japan) mehr als **415 Billiarden** Rechenoperationen pro Sekunde – er ist **2,8-MAL** schneller als andere Computer.

2020 gab es etwa
4,66 Mrd.
INTERNETNUTZER. Das sind rund **60 %** der Weltbevölkerung.

Der erste Supercomputer, **CRAY 1 (1976)**, war **2,6 m** breit und enthielt insgesamt **96 km** Drähte.

Viele digitale Geräte bestimmen ihren Standort mithilfe des **GLOBAL POSITIONING SYSTEMS** (GPS) aus rund
30 Satelliten.

Das **erste Mobiltelefon** war das DynaTAC 8000X von Motorola. Es wurde ab **1984** für **3995 $** verkauft. Die Batterie lud **10 Stunden** für **30 MINUTEN** Gesprächszeit.

14 Millionen **VR**-(Virtuelle Realität) und **AR**-(Erweiterte Realität)Geräte wurden **2019** weltweit verkauft.

Der Schwede **Markus Persson** entwickelte die **ERSTE VERSION** des Computerspiels **MINECRAFT** in nur **6 Tagen**.

2020 gab es etwa **2,87 Mio.** verschiedene **APPS** im Google Play Store. Der App Store von Apple bot **1,96 Mio. APPS** an.

Etwa **1,571 Mrd.** neue **SMARTPHONES** wurden im Jahr **2020** verkauft.

Ein ROBOT-Rx-System gibt pro Tag **MEHR ALS**

6000

MEDIKAMENTENDOSEN aus und spart so

90 %

der Zeit des Apothekers.

Die **ROBOTERBIENE** RoboBee X-Wing ist so klein, dass **4** Stück so viel wiegen wie eine **Büroklammer**.

Seit mehr als **20 Jahren** haben Da-Vinci-Operationsroboter weltweit **MEHR ALS**

5 Mio.

OPERATIONEN durchgeführt.

Die Saildrone („Segeldrohne") hat in

196 TAGEN

als **ERSTER AUTONOMER ROBOTER** den Kontinent **ANTARKTIKA** umrundet.

Der Roboter **RUBION** von Octinion pflückt Obst. Er erntet bis zu

360 kg

Erdbeeren pro Tag –

7-MAL

MEHR ALS EIN MENSCH.

iCub, ein **1 m** großer **HUMANOIDER ROBOTER**, hat **53** Motoren.

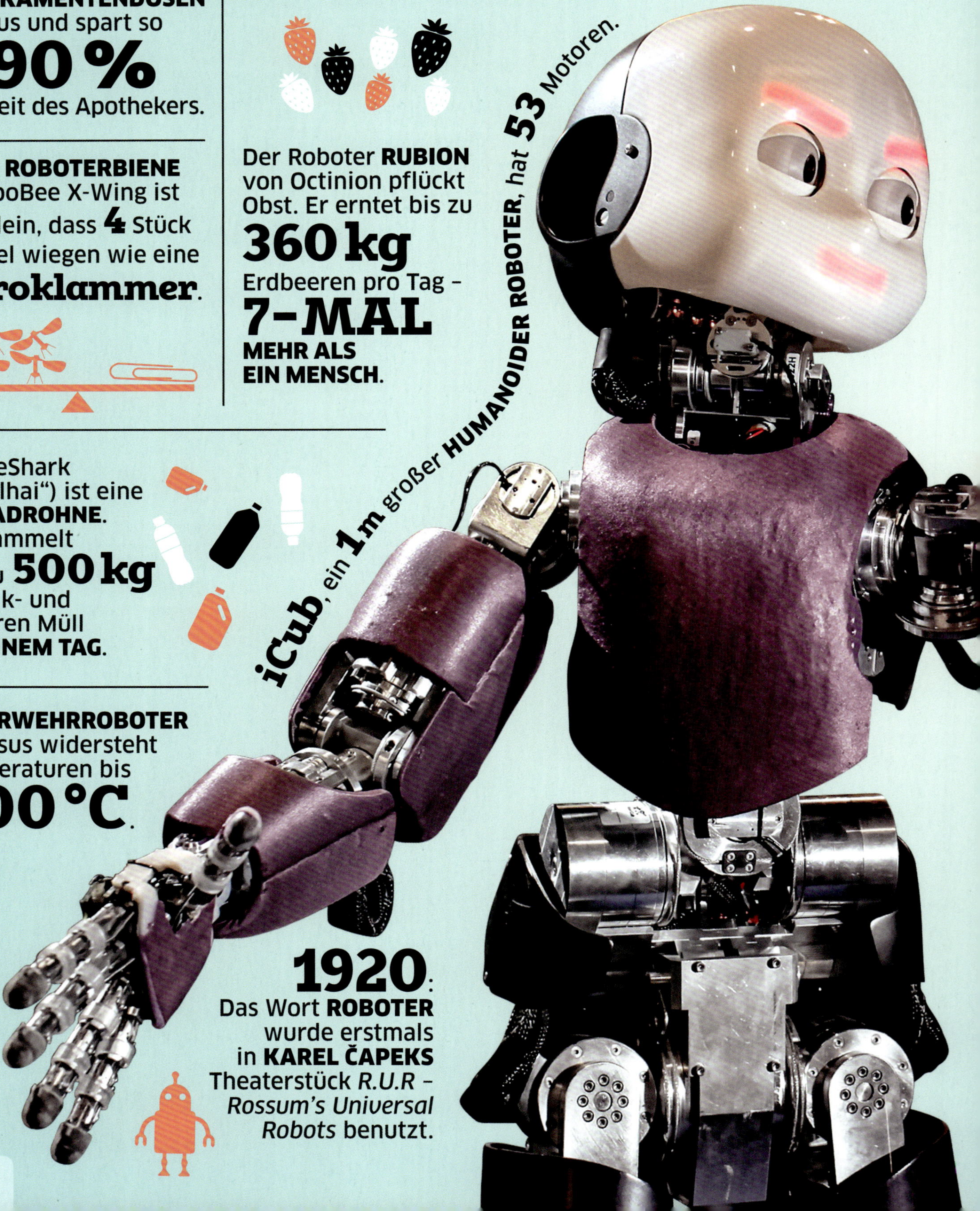

WasteShark („Müllhai") ist eine **AQUADROHNE**. Sie sammelt bis zu **500 kg** Plastik- und anderen Müll **AN EINEM TAG**.

FEUERWEHRROBOTER Colossus widersteht Temperaturen bis

900 °C.

1920:

Das Wort **ROBOTER** wurde erstmals in **KAREL ČAPEKS** Theaterstück *R.U.R – Rossum's Universal Robots* benutzt.

2018 flog ein **ZEPHYR-S-ROBOTER** die Rekordzahl von **25 Tagen, 23 Stunden, 57 Minuten NON-STOP** und ohne nachzutanken.

Vielseitige

ROBOTER

Roboter sind clevere Maschinen, die sich bewegen, Dinge wahrnehmen und manchmal sogar denken können. Sie erreichen eine Kraft und Genauigkeit, von der Menschen nur träumen können. Millionen von Robotern arbeiten bereits in der Industrie, in Forschungslaboren und sogar im Haushalt.

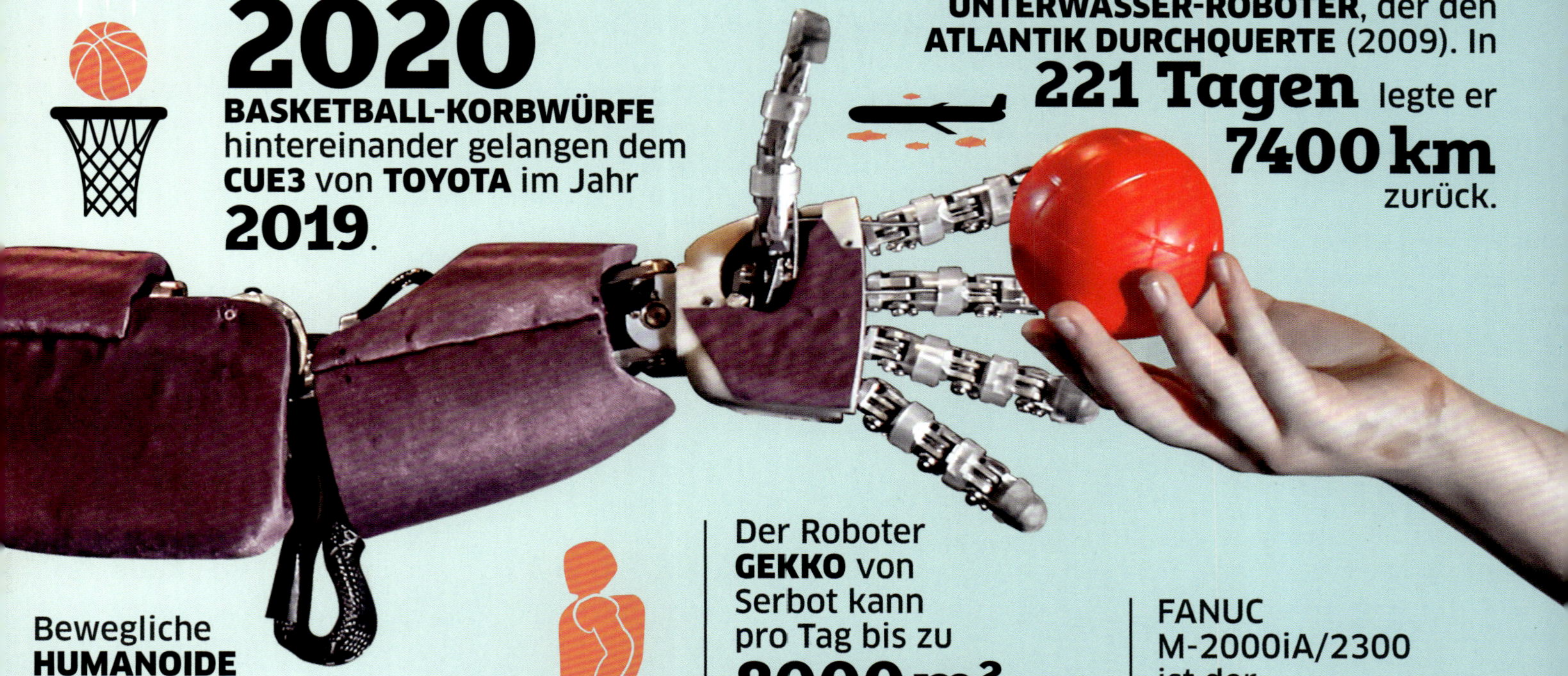

Rekordbrecher! **2020 BASKETBALL-KORBWÜRFE** hintereinander gelangen dem **CUE3** von **TOYOTA** im Jahr **2019**.

SCARLET KNIGHT war der erste **UNTERWASSER-ROBOTER**, der den **ATLANTIK DURCHQUERTE** (2009). In **221 Tagen** legte er **7400 km** zurück.

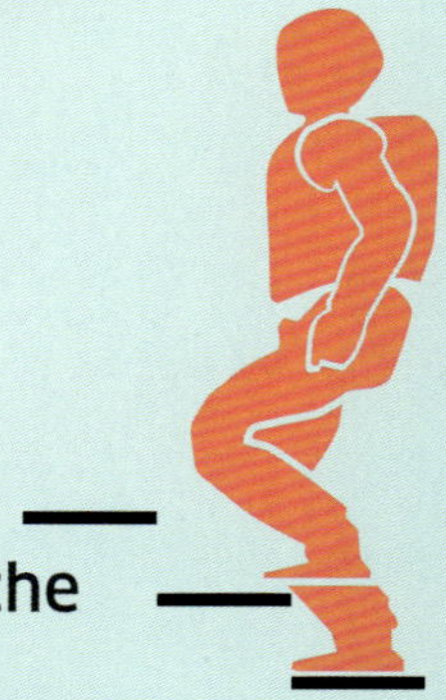

Bewegliche **HUMANOIDE ROBOTER** haben mindestens **30 Freiheitsgrade** oder bewegliche Gelenke. Der ASIMO von Honda hat **57** und Sophia von Hanson Robotics hat **74**.

Der Roboter **GEKKO** von Serbot kann pro Tag bis zu **8000 m²** **GLASFENSTER REINIGEN**. Das entspricht beinahe der Fläche von **16 BASKETBALL-FELDERN**.

FANUC M-2000iA/2300 ist der **STÄRKSTE ROBOTER-ARM** der Welt. Er kann bis zu **2300 kg** schwere Dinge heben.

Mehr als **1300 FLAUSCHIGE ROBBENBABY-ROBOTER** namens Paro werden in Japan für die **TIERTHERAPIE** eingesetzt.

Roboter vom Typ ABB IRB 6640 erledigen **mehr als 4000** Schweißvorgänge in **90 SEKUNDEN** – genug für eine komplette **AUTOKAROSSERIE**.

GLOSSAR

Aasfresser
Ein Tier, das sich von toten Tieren ernährt, die es nicht selbst getötet hat.

Abdankung
Förmliche Übergabe der Macht an einen Nachfolger, z. B. wenn ein König die Herrschaft abgibt.

Alliierte
Im Zweiten Weltkrieg Bündnis von Großbritannien, Frankreich, der USA und Russland im Kampf gegen Deutschland und seine Verbündeten.

Äquator
Gedachte Linie rund um den Mittelpunkt eines Planeten, auf halber Strecke zwischen den Polen.

Art
Eine Gruppe von einander ähnlichen Lebewesen, die sich untereinander fortpflanzen können.

Artillerie
Der Teil der Armee mit großen Waffen, z. B. Kanonen.

Atmosphäre
Die Gasschicht, die einen Planeten umgibt und von seiner Schwerkraft festgehalten wird.

Atom
Winziges Teilchen Materie. Die kleinste Einheit eines chemischen Elements.

außerirdisch
Etwas, das nicht von der Erde ist.

Bakterien
Winzige, einzellige Lebewesen, die auf der Erde in riesigen Mengen vorkommen.

Batterie
Chemische Stoffe in einem Behälter, die Elektrizität liefern, wenn man ihn an einen Stromkreis anschließt.

Belagerung
Ein geplanter Angriff auf einen Ort, um ihn zu erobern. Der Ort wird eingeschlossen und von Nachschub abgeschnitten.

Beschleunigung
Geschwindigkeitsänderung eines sich bewegenden Körpers.

Beute
Ein Lebewesen, das anderen Lebewesen als Nahrung dient.

bilingual
Anderes Wort für „zweisprachig".

Byzantinisches Reich
Auch: Oströmisches Reich, da es im Jahr 330 n. Chr. aus dem östlichen Teil des Römischen Reichs entstanden ist.

Chlorophyll
Der grüne chemische Stoff in Pflanzen, der die Energie des Sonnenlichts aufnimmt, sodass die Pflanzen Nahrung herstellen können.

Dichte
Eine physikalische Größe, die eine Massenverteilung beschreibt.

DNA
Die „Bauanleitung" für ein Lebewesen, die in allen Zellen enthalten ist.

Drüsen
Ansammlungen von Zellen im Tierkörper, die Stoffe wie Speichel und Schweiß absondern.

Durchmesser
Die Strecke durch den Mittelpunkt eines Gegenstands oder einer Form.

Element
Ein Stoff, der nur aus einer Art von Atomen besteht.

erneuerbar
So werden Energiequellen bezeichnet, die nie zu Ende gehen, wie Sonnen- oder Windenergie.

Erosion
Die Abtragung von Gestein durch natürliche Kräfte, wie z. B. Wind oder Wasser.

Erz
Ein Gestein, das reine Metalle enthält.

EVA-Einsatz
Von englisch Extravehicular Activity (Weltraumspaziergang). In der Regel verlassen die Astronauten das Raumfahrzeug für Reparaturen.

Evolution
Der lange Prozess, in dem sich Lebewesen im Lauf von Jahrmillionen verändern.

Fotosynthese
Der Vorgang, bei dem Pflanzen aus Sonnenlicht und Wasser Nahrung herstellen.

Fossil
Überrest oder Abdruck eines urzeitlichen Lebewesens, der im Gestein über Millionen Jahre erhalten geblieben ist.

Galaxie
Eine Gruppe aus vielen Millionen oder Milliarden Sternen, die von der Schwerkraft zusammengehalten wird.

Galeere
Gerudertes Segelkriegsschiff der alten Römer.

Geysir
Eine heiße Quelle, aus der eine Wasser- und Dampffontäne schießt.

Gift
Ein chemischer Stoff, den einige Lebewesen, z. B. Schlangen, absondern können.

Gigabyte (GB)
Maßeinheit für die Speicherkapazität von Computern. 1 GB entspricht 1000 MB (Megabyte), 1 MB entspricht 1000 KB (*siehe* Kilobyte).

Globales Positionierungssystem (GPS)
Navigationssystem aus Satelliten in der Erdumlaufbahn, über das die Position eines Orts oder Gegenstands auf der Erde bestimmt werden kann.

Granate
Ein mit Sprengstoff gefüllter Behälter, der mit Panzern oder Gewehren abgefeuert wird.

Hektar
Ein Flächenmaß. 1 ha entspricht 10 000 m².

humanoid
Anderes Wort für „menschenähnlich". Es wird meist für Roboter verwendet.

Ichthyosaurier
Urzeitliche Meeresreptilien, die etwa wie heutige Delfine aussahen.

importieren
Waren oder Dienstleistungen in ein Land einführen.

indigene Völker
Die Völker, die in einem Gebiet lebten, bevor fremde Siedler dort hinkamen.

Internet
Weltweites Computernetzwerk, über das Informationen weitergeleitet werden.

Kalifat
Ein von einem Kalifen regiertes Land (meist muslimisch).

Kaulquappe
Ein Frosch- oder Krötenjunges, das noch nicht voll entwickelt ist.

Kilobyte (KB)
Maßeinheit für die Speicherkapazität von Computern. 1 KB entspricht 1000 Byte (der Standardeinheit für Speicherkapazität).

Klima
Die allgemeinen Wetterbedingungen in einem Gebiet über lange Zeiträume hinweg.

Knorpel
Festes, aber biegsames Material, aus dem das Skelett mancher Lebewesen besteht, z. B. das von Haien.

Kontinent
Eine der sieben großen Landmassen der Erde.

Kraft
Ein Zug oder Druck, der einen Gegenstand in Bewegung setzt oder bremst.

Laser
Ein Gerät, das einen stark konzentrierten Lichtstrahl sendet.

Lava
Heißes, geschmolzenes Gestein aus dem Erdinneren, das aus einem Vulkan oder aus einem anderen Erdschlot zur Oberfläche dringt.

Lebensraum
Die natürliche Umgebung, in der ein Tier lebt.

Lichtjahr
Die Strecke, die das Licht im Vakuum des Weltraums in einem Jahr zurücklegt: etwa 9,5 Billionen km.

Lokomotive
Ein mit Dampf, Strom oder Diesel angetriebenes Fahrzeug, das Wägen oder Waggons über Gleise zieht.

Masse
Ein Maß für die Menge an Materie, die ein Objekt enthält.

Mekka
Stadt in Saudi-Arabien, die im Islam als heilig gilt und ein Pilgerziel für Muslime ist.

Migration
Regelmäßige Wanderungen von Tieren, um Nahrung zu finden oder sich fortzupflanzen. Menschen, die migrieren, suchen einen neuen Ort zum Leben. Viele sind auf der Flucht vor Krieg oder schwierigen Lebensbedingungen.

Mineral
Ein Feststoff, der natürlich in der Erde vorkommt. Mineralien können aus einem Element oder aus verschiedenen Elementen bestehen.

Molekül
Eine Gruppe von miteinander verbundenen Atomen: Wasser besteht z. B. aus Wasserstoff und Sauerstoff.

Monolith
Ein einzelner, großer Gesteinsblock, der natürlich entstanden ist oder von Menschen bearbeitet wurde.

Mumifizierung
Behandlung zur Erhaltung einer Leiche, sodass sie nicht verwest.

Nanometer (nm)
Maßeinheit für die Länge: 1 nm entspricht einem Milliardstel Meter.

NASA
Die National Aeronautics and Space Administration ist eine Behörde in den USA, die den Weltraum erforscht.

Nerven
Faserstrang aus Nervenzellen, über den im Körper Signale als elektrische Impulse weitergeleitet werden.

Netzhaut
Schicht lichtempfindlicher Zellen im Augenhintergrund.

Newton (N)
Maßeinheit für Kraft. 1 N entspricht etwa 102 g.

Organ
Ein Körperteil, das aus vielen ähnlichen Zellen besteht und eine bestimmte Funktion erfüllt, z. B. der Magen.

Organismus
Lebewesen, z. B. ein Tier, Pilz oder eine Pflanze.

Pharao
Herrscher im alten Ägypten.

Phytoplankton
Mikroskopisch kleine Einzeller, die dicht unter der Ozeanoberfläche treiben und aus Sonnenlicht Nahrung herstellen.

Pilze
Neben Tieren und Pflanzen das dritte Reich von Lebewesen. Pilze bilden winzige Zellen, die Sporen, um sich fortzupflanzen und ernähren sich von pflanzlichen oder tierischen Überresten.

Plesiosaurier
Urzeitliche Meeresreptilien mit vier Flossen, kurzem Schwanz und meist sehr langem Hals.

Prototyp
Die erste Version eines Gegenstands oder einer Maschine, mit der eine Erfindung getestet wird.

Recycling
Die Rückverwandlung von Abfallstoffen in nützliche neue Materialen und Gegenstände.

Regenwald
Dichte, immergrüne Wälder in den Tropen, in denen es das ganze Jahr über viel regnet.

Reibung
Kraft zwischen sich berührenden Körpern, die deren Bewegung bremst.

Säugetier
Ein Tier mit gleichbleibender Körpertemperatur und Wirbelsäule, das seinen Nachwuchs mit Muttermilch ernährt.

Schmelzpunkt
Die Temperatur, bei der ein Feststoff in den flüssigen Zustand übergeht.

Schub
Die Kraft der Triebwerke, die ein Flugzeug oder eine Rakete antreibt.

Schwarm
Große Gruppe aus Fischen oder Vögeln.

Schwarzes Loch
Die Reste eines Sterns, der in sich zusammengefallen ist. Die Schwerkraft eines Schwarzen Lochs ist so stark, dass es alles in seiner Umgebung einsaugt.

Schwerkraft
Die Anziehungskraft, die Planeten auf ihren Umlaufbahnen hält. Auf der Erde sorgt sie dafür, dass Körper zu Boden fallen.

Siedepunkt
Die Temperatur, bei der eine Flüssigkeit in den gasförmigen Zustand übergeht.

Solarmodul
Ein Gerät, das die Energie des Sonnenlichts in Elektrizität umwandelt.

Sonnensystem
Alle Planeten, Zwergplaneten, Monde, Asteroiden, interplanetarischer Staub und andere Körper, die um die Sonne kreisen.

sowjetisch
Etwas, das zur Sowjetunion gehörte oder dort gebaut wurde. Die Sowjetunion war ein Zusammenschluss von Ländern unter der Führung Russlands. Sie löste sich 1991 auf.

Stromkreis
Eine Bahn, durch die ein elektrischer Strom fließen kann.

Sultan
Herrscher in einem islamischen Land.

südliche Breite
Gibt an, wie weit südlich ein Punkt auf der Erdoberfläche vom Äquator aus liegt.

Supernova
Die Explosion eines Riesensterns am Ende seiner Lebenszeit, bei der die Materie im All verstreut wird.

synthetisch
Ein Material oder Stoff, der nicht natürlich vorkommt, sondern von Menschen hergestellt wird.

Tonne (t)
Maßeinheit der Gewichtskraft. 1 t entspricht 1000 kg.

Tsunami
Eine riesige Flutwelle, die durch Bewegungen der Erdkruste entsteht.

Umfang
Die Strecke um den gesamten Rand eines Gegenstands.

Umlaufbahn
Bahn, auf der ein Körper rund um einen anderen Körper mit größerer Masse kreist.

Unabhängigkeit
Die Freiheit von der Herrschaft einer Person oder eines Landes. Ein Land, das unabhängig wird, erhält eine eigene Regierung.

Urknall
Diese Theorie erklärt, wie das Universum vor etwa 13,8 Mrd. Jahren entstanden ist.

Urtierchen
Gruppe einzelliger Lebewesen, die größer sind als Bakterien. Sie ernähren sich meist von anderen Kleinstlebewesen.

Vereinte Nationen
Die VN oder UN (United Nations) sind eine internationale Organisation, die weltweit Frieden und Menschenrechte sichern soll.

Vertrag
Ein formelles Abkommen zwischen Staaten oder internationalen Organisationen, oft zur Beendigung eines Konflikts.

Virus
Eine Ansammlung chemischer Stoffe, die sich selbst vermehrt, indem sie Zellen von Lebewesen infiziert.

Volumen
Rauminhalt, den ein Stoff oder Gegenstand einnimmt.

Währung
Das Zahlungsmittel eines Landes.

Weichtier
Ein Tier ohne Knochen, aber oft mit einer Schale, z. B. Schnecken, Tintenfische und Muscheln.

Winterschlaf
Einige Tiere verbringen den Winter im Tiefschlaf, damit sie keine Nahrung brauchen.

Zelle
Kleinste lebende Einheit. Alle Lebewesen bestehen aus Zellen.

Zitadelle
Eine Festung oder befestigtes Gebäude.

REGISTER

Fett gedruckte Seitenzahlen verweisen auf Haupteinträge.

A

B

C

D

E

F

G

H, I

J, K

L

M

N

O

P, Q

R

S

T

U

V, Z

DANK UND BILDNACHWEIS

Dorling Kindersley dankt folgenden Personen für ihre Mitarbeit an diesem Buch:
Elizabeth Wise für das Register, Hazel Beynon, Michelle Crane und Jenny Sich für zusätzliche Redaktionsarbeiten, Sahrish Hadia für die Authentizitätsprüfung, Steve Crozier für kreative Retusche, Simon Mumford für Kartografie und 3-D-Design, Sarah Hopper für zusätzliche Bildrecherche, Giles Sparrow für die Prüfung des Kapitels über das Weltall, John Farndon für die Prüfung des Kapitels über die Erde, Richard Dearden für die Prüfung des Kapitels über die Natur, Philip Parker für die Prüfung des Kapitels über Geschichte, Emily Wren und Rodger Bridgman für die Prüfung des Kapitels über Forschung und Technik sowie Flora Spens für zusätzliche Faktenchecks.

Der Verlag dankt folgenden Personen und Organisationen für die freundliche Genehmigung zum Abdruck von Fotos:

(Abkürzungen: o = oben, u = unten, m = Mitte, l = links, r = rechts, g = ganz, Hg = Hintergrund)

4 123RF.com: mihtiander (m). **NASA:** (go). **5 agefotostock:** Morales (gol). **Alamy Stock Photo:** blickwinkel (ml). **© The Trustees of the British Museum. All rights reserved:** (gor). **Getty Images:** Oli Scarff (mr). **9 NASA:** (Astronaut); NASA, ESA and the Hubble Heritage Team (STScI / AURA) (Hg). **10-11 NASA:** NASA, ESA and the Hubble Heritage Team (STScI / AURA). **12-13 Getty Images / iStock:** bjdlzx. **14-15 NASA:** Gene Cernan. **16-17 NASA:** Vergrößertes Bild von Kevin M. Gill (CC-BY), basierend auf Bildern m.f.G. der NASA / JPL-Caltech / SwRI / MSSS. **18-19 NASA. 20-21 NASA. 22-23 NASA. 25 123RF.com:** mihtiander (Baum). **James Smart:** (Hg). **26-27 NASA. 28-29 Getty Images:** Daniel Bosma. **30-31 Getty Images / iStock:** livetalent. **32-33 Getty Images:** Jim Sugar. **34-35 Minden Pictures:** Jeff Foott. **36-37 Getty Images:** Mint Images / Art Wolfe. **38-39 Getty Images / iStock:** alexandrumagurean. **40-41 Dreamstime.com:** Frhojdysz. **42-43 Getty Images:** Anna Serdyuk. **44-45 Dreamstime.com:** Darryn Schneider. **46-47 James Smart. 49 agefotostock:** Morales (Affe). **Getty Images:** Manoj Shah (Hg). **50-51 Dorling Kindersley:** Gary Ombler / Senckenberg Gesellschaft Für Naturforschung Museum. **52-53 Science Photo Library:** Steve Gschmeissner. **54-55 Dreamstime.com:** Marcouliana. **56-57 Dreamstime.com**: Neal Cooper. **58-59, 60-61 Getty Images:** by wildestanimal. **62-63 Getty Images:** kuritafsheen. **64-65 Getty Images:** Joe McDonald. **66-67 iStock:** Adrian Coleman. **68-69 Minden Pictures:** Thomas Marent. **70-71 iStock:** Ondrej Prosicky. **72-73 Alamy Stock Photo:** Maria Hoffman. **74-75 Getty Images:** Sergei gladyshev. **76-77 agefotostock:** Morales. **78-79 Getty Images:** Manoj Shah. **80-81 iStock:** master1305. **82-83 Getty Images:** Penelope Grasshoff / EyeEm; Wera Rodsawang (Hg). **86-87 Alamy Stock Photo:** Papilio. **89 Alamy Stock Photo:** blickwinkel (Tänzer). **Getty Images:** Dhwee (Hg). **90-91 Alamy Stock Photo:** Gavin Hellier. **96-97 Getty Images:** Dhwee. **98-99 iStock:** TommL. **100-101 Getty Images:** TorriPhoto (Hg). **David Svensson:** Home of the World / Världens hem, 2016 / © David Svensson / © DACS 2021. **102-103 iStock:** wind-moon. **104-105 iStock:** Nick-Ferreira. **106-107 Shutterstock.com:** Kunal Mahto. **108-109 Getty Images:** Heritage Art / Heritage Images. **110-111 Alamy Stock Photo:** blickwinkel. **112-113 Alamy Stock Photo:** Xinhua. **114-115 iStock:** danr13. **116-117 iStock:** Ryan McVay. **120-121 Getty Images:** Francois-Xavier Marit / AFP. **122-123 Alamy Stock Photo:** Per Grunditz. **124-125 Shutterstock.com:** Photoongraphy. **126-127 Alamy Stock Photo:** ZUMA Press. **129 © The Trustees of the British Museum. All rights reserved:** (Maske). **Getty Images:** Mint Images (Hg). **130-131 Getty Images:** Mint Images (Hg). **131 Getty Images:** Universal History Archive / Universal Images Group. **132-133 Getty Images:** Andi Fink / 500px. **134-135 Dreamstime.com:** Sofiaworld. **136-137 © The Trustees of the British Museum. All rights reserved. 138-139 Dreamstime.com:** Sean Pavone. **140-141 AWL Images:** Jane Sweeney. **144-145 Getty Images:** Universal History Archive / Universal Images Group. **147 Bridgeman Images:** Norwich Castle Museum & Art Gallery. **148-149 Alamy Stock Photo:** funkyfood London - Paul Williams. **151 iStock:** Aleksandra Malysheva (Hg). **Getty Images:** Oli Scarff (Roboterarm). **152-153 Dorling Kindersley:** Ruth Jenkinson / RGB Research Limited. iStock: natthanim (Hg). **154-155 AWL Images:** ClickAlps. **156-157 iStock:** travelview. **158-159 Alamy Stock Photo:** robertharding. **160-161 Getty Images:** Beau Van Der Graaf / EyeEm. **162-163 iStock:** hakinci. **164-165 Alamy Stock Photo:** ACORN 1. **166-167 Dreamstime.com:** Sergii Kolesnyk. **168-169 Alamy Stock Photo:** imageBROKER. **170-171 iStock:** maiakphotography. **172-173 Getty Images:** Philippe Petit / Paris Match. **174-175 Getty Images:** Scott T. Smith. **176-177 Alamy Stock Photo:** Sean Bolton. **178-179 NASA. 180-181 iStock:** Aleksandra Malysheva (Hg). **Shutterstock.com:** UfaBizPhoto. **182-183 Getty Images:** Oli Scarff.

Cover: *Vorn:* **123RF.com:** 1xpert (ur), bolina (gor). **NASA:** (gol). **Shutterstock.com:** Dirk Ercken (ul). *Hinten:* **Alamy Stock Photo:** ZUMA Press (ul). © The Trustees of the British Museum. All rights reserved: (gom). **Dreamstime.com:** Valentyn75 (mru). *Rücken:* **Shutterstock.com:** Dirk Ercken.

Alle anderen Abbildungen © Dorling Kindersley